Franz Bridoux

LIBERTÉ CHÉRIE IN NACHT UND NEBEL

SALIER
VERLAG

Ich spreche es nicht aus.
Gib mir den ersten Buchstaben,
So will ich Dir den zweiten geben.

Franz Bridoux

LIBERTÉ CHÉRIE IN NACHT UND NEBEL

GRÜNDUNG EINER FREIMAURERLOGE IM KZ ESTERWEGEN

ins Deutsche übersetzt von Ruth Breuer

Salier Verlag

ISBN 978-943539-46-2

1. Auflage 2015

Originalausgabe:
La Respectable Loge Liberté Chérie
au camp de concentration d'Esterwegen
„Nuit et Brouillard"

Deutsche Übersetzung: Ruth Breuer, Brüssel
Umschlaggestaltung: Christine Friedrich-Leye, Leipzig
Coverfoto: KZ-Gedenkstätte Esterwegen, © Fides Breuer
Satz und Layout: InDesign im Verlag
Herstellung: Salier Verlag

www.salierverlag.de

Inhalt

Diese Schrift stellt keinerlei literarischen Ansprüche.

Sie ist im Wesentlichen das Ergebnis von Nachforschungen und einer Zusammenstellung von Erinnerungen, die in Einzelheiten verdeutlicht und ergänzt worden sind.

Ziel war von Beginn an, die Erinnerung an die Gründung der gerechten und vollkommenen Loge „Liberté Chérie" 1943 in einem Konzentrationslager für politische Gefangene, die sogenannten Nacht-und-Nebelhäftlinge oder NN, zu bewahren und der Freimaurer, die ihre Gründer waren, zu gedenken.

Ganz besonders wichtig erschien es, eine Art Gesamtbild aus verschiedenen Zeitzeugnissen und Schriftstücken, die sich gegenseitig bestätigten, zusammenzustellen, um etwaigen späteren negationistischen Versuchen entgegenzuwirken.

Dank dieser neuen vervollständigten Ausgabe lässt sich jeder etwa noch vorhandene Zweifel ausräumen.

Unsere Hoffnung ist, dass die Erinnerung an die Gründer der Loge „Liberté Chérie" uns wach hält, um uns den wieder aufziehenden Gefahren in den Weg zu stellen.

Vorrede

An den freien Menschen!

Dir ist dieses Werk gewidmet. Es erklärt und sagt in einfachen Worten wieder und wieder, dass die Freiheit kein Geschenk des Himmels ist, dass sie Dir nicht zusteht, dass Du kein Anrecht auf sie hast, dass sie kein unveränderlicher Zustand ist.

Sie muss Tag für Tag verdient und gewonnen werden; sie muss verteidigt und beschützt werden, denn sie ist zerbrechlich wie ein Kristall.

Wenn Du nicht auf sie achtest, löst sie sich auf, noch bevor Du auch nur einen Finger gerührt oder ein Wort gesagt hast.

Und wenn Du diesen Schatz verloren hast, siehst Du, dass sich der Mensch wie ein wildes grausames Tier verhalten kann. Der Mensch wird zum „Wolf unter Wölfen" – oder nein, nicht so. Das wäre nicht recht ... dem Wolf gegenüber, der weniger grausam ist als man sagt, während wir Menschen zu unbegrenzter Grausamkeit fähig sind.

Unsere Pflicht als Menschen, erst recht als Freimaurer, ist es, wachsam zu sein. Das Untier schläft ja nur, vollgefressen mit Tragödien und Toten. Es steht wieder auf, irgendwo, irgendwann. Wenn wir es nicht schon beim Erwachen niederkämpfen, wächst es mit rasender Geschwindigkeit zu einem vielköpfigen Ungeheuer heran, jedes Gesicht scheußlicher als das andere. Täuschen wir uns nicht. Es kann kein Pardon geben für die Anhänger dieser Ideologie.

Damit ist nicht ein bestimmtes Volk gemeint. Es ist eine Minderheit, und diese Minderheit kann in jedem Land existieren. Schließen wir nicht die Augen: Die braune Pest ist nicht überwunden, im Gegenteil. Sie entsteht immer wieder neu, überall auf dem Planeten. Wir können sie unmöglich überall verfolgen. Doch beginnen wir bei uns selbst – das ist ein Anfang.

Franz Bridoux ist ein Mann, der begriffen hat, dass es besser ist, zu reagieren und zu kämpfen als auf den Knien liegend seinen Idealen abzuschwören. Das hat er teuer bezahlt. Für die Ideen, die er für unverzichtbar hielt, bekam er das rote Dreieck „Nacht und Nebel", damit er überall und von allen, oder fast allen, vergessen würde. Er zeigt uns, wie die Tragödie in dieser unvorstellbaren Situation die Hoffnung nie erstickt hat, wie Menschen, Freimaurer, die die Gerechtigkeit, die Freiheit, den Mut liebten, der Gefahr standgehalten haben und sich weigerten, in die Knie zu gehen, trotz aller Anstrengungen der Mörder.

Im Gegenteil, sie haben reagiert und die Loge „Liberté Chérie" gegründet, nicht um die Machthaber herauszufordern, nicht aus dem ehrenwerten Gefühl heraus, sich einem Verbot zu widersetzen. Sondern sie haben ein Symbol geschaffen, die Flagge des Muts zum freien selbstständigen Denken gehisst, sie waren ein Vorbild.

Das aufzuzeigen, darauf kommt es Franz Bridoux an. Er hat nicht nur seine Erinnerungen niedergeschrieben. Seine Arbeit besteht aus zehn Jahren Nachfragen in Ministerien, der Suche nach Schriftstücken, langwierigen sorgfältigen Forschungen bei den zuständigen Stellen. Voll Optimismus schließt er diese Arbeit ab, eine echte freimaurerische Arbeit, überdies von historischem Wert.

Marc Deverver
(Loge Les Amis Philanthropes, Brüssel)

Vorwort

Zu Beginn dieser Zeilen habe ich mir ein dreifaches Ziel gesetzt:

1. Ich wollte die Wahrheit suchen, die in der Erinnerung zunehmend verblasste.
2. Ich wollte der Brüder gedenken, die ich unter so ungewöhnlichen Umständen kennen gelernt hatte.
3. Ich wollte ihre Botschaft, die sie unermüdlich in Stein gemeißelt hätten, in die Welt tragen. Die Botschaft gegen den übermäßigen Egoismus und den zunehmenden Verlust gesellschaftlicher Verantwortung derer, die im Verlauf der Zeit zu „Hitler? Nie gehört"-Menschen geworden sind.

Ich habe oft unbekannte Einzelheiten erfahren und Tatsachen aufgedeckt, die zu schnell vergessen oder gar aus Unkenntnis verfälscht worden sind. Das hat mir den Mut gegeben, diesen Beitrag zu der Erinnerungsarbeit zu leisten, zu der wir verpflichtet sind.

Mit immer neuer Überzeugung habe ich diese Seiten zum Andenken an die Brüder von Esterwegen und die Kameraden aus dem Widerstand und die politischen Nacht-und-Nebel-Häftlinge geschrieben, und hoffe, dass so die Wachsamkeit nicht nachlässt, und der Wille weiter zu kämpfen, damit sich das Untier nie wieder erhebt.

Franz Bridoux, 2012

Mit besonderer Freude erfüllt mich, dass mein Appell dank der vorliegende Übersetzung nun auch im deutschsprachigen Raum gehört wird.

Rixensart, im Dezember 2014

Auf den Wänden – ein Name und Initialen:
Joseph Berman und Franz Bridoux

(Avenue Louise, 347, Louisalaan. In den Kellern der Gestapo. Centre de recherches et d'études historiques de la Seconde guerre mondiale. Éditions, 1996)

Einleitung

Kriegsjahr 1943.

Dienstag, 3. August 1943, früh morgens:

Die Gestapo in Brüssel verhaftet uns mit zwei weiteren regionalen Anführern des Rassemblement National de la Jeunesse, R.N.J. (Sektion Front de l'Indépendance) in Ghlin.

Wir werden zum Sitz der Gestapo Avenue Louise 347 gebracht und in die zu Zellen umgebauten Keller geworfen. Wir werden herausgelassen, um „mit Nachdruck" verhört zu werden.

Nach ein paar Tagen werden wir ins Gefängnis von Saint-Gilles verlegt, wo wir andere nationale und regionale Mitglieder aus der Spitze des R.N.J. vorfinden.

Drei Monate später, Samstag, 13. November, 4 Uhr morgens:

Etwa zwanzig Gefangene werden aus ihren Zellen in Saint-Gilles geholt und in einem Gang des Gefängnisflügels A in Reih und Glied aufgestellt, darunter fünfzehn Anführer des R.N.J., junge Männer zwischen 17 und 32 Jahren. Acht gehören zum Nationalkomitee, u.a. „Louis" Aimé Verneirt, zweiter Nationalsekretär des R.N.J., er ist der Älteste. Die anderen sind zwischen 19 und 29 Jahre alt: „Fernand" Abbé Dieudonné Bourguignon, Nationaler Vorsitzender; „Alex" Roger Debuyst, Nationalsekretär; „François" Jean Lagneau; „Victor" Fernand Lecocq; „Marcel" Maurice Orcher; „Frédéric" Simon Goldberg; „Raymond" Alfred Steux. Die anderen sieben gehören den Regionalkomitees des R.N.J. an und sind kaum 22 Jahre alt, der Jüngste, Marcel Cauvain, noch nicht einmal 17. „Fred" Joseph Berman, Brüssel; „Henri" Robert Wolsztajn, Flandern; „Alfred" André Volcke, Südflandern; „Daniel" Jean Carlens, Lüttich; „Pierre" Marius Cauvin; „Max" Marcel Cauvain und „Jean" Franz Bridoux, alle drei aus Wasmuël (Quaregnon).

Sie wurden in der Zeit vom 25. Juli bis 3. August 1943 im Rahmen einer Verhaftungswelle festgesetzt, die Professor José Gotovitch die „Juli-Razzia 1943“ nennt, die er einschliesslich einer unvollständigen Liste von über 100 Widerstandskämpfern beschreibt*.

Nach der Festnahme werden alle aus dem Gefängnis zum Verhör durch brutale Gestapo-Mitglieder geholt. Sie werden bedroht und geschlagen und fürchten die Verlegung in die Folterfestung Fort Breendonk und die Auslieferung an die blutrünstige Sipo. Es besteht Lebensgefahr, umso mehr, als die Nazis nach Feststellung von „Terrorismus“ die Erschießung von Geiseln beschließen, auch für die Häftlinge im Gefängnis von Saint-Gilles.

Dieses Damoklesschwert ist Grund genug für tagtägliche Todesangst. Als die jungen Männer des R.N.J. am 13. November 1943 erfahren, dass sie irgendwohin nach Deutschland verlegt werden, wissen sie nicht, ob sie sich freuen sollen, diesen Gefahren – und den Flöhen, die in drei Monaten sichtbare Spuren auf dem Körper hinterlassen haben, – zu entkommen, oder ob sie sich über das Morgen, das sie erwartet, Sorgen machen müssen.

Jeder erhält eine Ration Brot und ein kleines Rotes-Kreuz-Päckchen, das Einzige während unserer gesamten Gefangenschaft. Der Häftling, der die Lebensmittel verteilt, rät dazu, den ganzen Inhalt des Päckchens sofort aufzuessen, weil bei der Ankunft doch alles beschlagnahmt werde.

In einem Polizeiwagen wird die Gruppe zum Bahnhof gefahren, wo ein Wagon mit eingebauten Zellen am Ende des Zuges für uns bereitsteht. Jeder wird in eine Einzelzelle eingeschlossen, wo er so gerade stehen oder auf einem Klappsitz sitzen kann, eingeklemmt mit dem Rücken gegen die Wand

* José Gotovitch “Du Rouge au Tricolore”, Labor, 1992

und den Knien gegen die Tür. Denkbar unbequem. Und wer Platzangst hat, ist schlecht bedient.

Der Zug setzt sich in Bewegung, wir fahren in Richtung Deutschland. Wir sind politische Häftlinge, „Nacht-und-Nebel"-Gefangene. Das heißt, dass wir vom Erdboden verschwinden werden. Wo? Wann? Wie? Das wird die Zukunft zeigen.

Zunächst einmal sind wir dem Gefängnis Saint-Gilles entkommen. Wir entkommen der unmittelbaren Gefahr, ohne Urteil als Geisel hingerichtet zu werden oder in einem Massenprozess der Militärgerichte in Belgien wegen Terrorismus zum Tode verurteilt worden zu sein. („Sie haben mit Terror gespielt!")

Die Gefahr ist also erst einmal aufgeschoben, für wie lange? Unter welchen Bedingungen? Der Zug hält in Lüttich und setzt sich einige Minuten später wieder in Bewegung. Er verlangsamt kurz darauf seine Geschwindigkeit an der Grenze und fährt dann in normalem Tempo weiter. Mit jeder Drehung der Räder entfernen wir uns weiter von zu Hause und nähern uns einer anderen Welt.

Wir kennen sie nur vom Hören-Sagen, und das ist nicht beruhigend.

Wir fahren weiter und weiter ... ohne Vorstellung davon, was uns erwartet. Ein Christ würde jetzt wohl beten?

Ich glaube nicht an Gott.

Lfde. Nr.	Tag des Eingangs	Bezeichnung und Geschäftsnummer der ersuchenden Dienststelle oder Name und Wohnort des Gesuchstellers oder des sonst Beteiligten	Bezeichnung der Angelegenheit (Kurze Inhaltsangabe)	Kurzer Inhalt der Erledigungsverfügung oder des Gutachtens	Tag der Absendung	Vermerk über den Verbleib des Eingangs	Bemerkungen
1	2	3	4	5	6	7	8
155/4	30/10	Gericht der O. F. K. 673 [illegible]	Belgier. 1 Bd. Akten Vorgelegt [illegible] 1/–19/ [illegible] [illegible]	a) 2.11.43. Die Voraussetzungen für eine Abwst. in den bes. Gebiet sind erfüllt [illegible], die Beschuldigten sind in das Reich zu verbringen. c) Abgabenachricht d2-II-43	2.11.43	a) [illegible] b) Gericht der O.F.K. 672 Brüssel	

A 4 Einl. zu Nr. 38 HDGO
Verlag Franz Vahlen, Berlin W 9 C 148

Formular für die Verbringung von Beschuldigten nach Deutschland im Rahmen des „Nacht-und-Nebel-Erlasses“

Keller der Gestapo Avenue Louise 347

Datum	Sekretariat Boten Unterbringung	Unterbringung	Finanzen Solidarität	Presse	PC Provinz FI Versch.	Kommandostelle PA	PA Provinz Boten
1							
2	Van Den Boom S D						
3	Thonnart, E. L D	Nestler Li					
	Gordower L D						
	Van Hasselt L D						
4	Batta L D	Wiser D				Develer Et Pr	
	Beelen L D	De Veen D				Leuba, T C (+)	
		Pateet Li				Hullebroeck EM D	
		Donnay, C. Li				Hullebroeck C D	
		De Pouillon D					
5	François, L. C +	Donnay, E. D					
6	Relecom S D	Demol D			Fonteyne D	Dumont, A. EM D	Flandroy C +
	Cahen C +	Van Lishout D			Proces D	Meunier C +	
	Viellevoie aS D	Docquier Li			Vanopdenbosch SP D	Lhoir EM D	
	Hoa L D	Boulvin +			Kaufmann D	Ameye EM ++	
		d'Orjo de				Weingast EM ++	
		Marchovelette +				Tenzer C D	
7		Leroy D		Tytgat D		Joffe C D	Michel CC D
		Leclercq D				Michiels C D	Detomi C D
							Pettino C D
8				Drabbe ++		Moetwil EM ++	Braune C D
							Schotsmans CC D
							Brichaud C D
							Lemal C D
9						Grippa EM D	Korn C D
						Joye EM D	Weissbloem C D
							Coulon D
10							Spitaels CC D
							Desmedt C
12	Schrooten C Li						
13					Hambresin Fl +		
					Wiame SP D		
					Taxhet C D		
14			Devoitille D	Claikens D			
15			Delcourt D		Jacques Fl D		
					Destrebecq Fl		

Liste der Verhaftungen, Juli 1943

16	Massart	L D			Uytendael	?							
					Thevenet	L							
					Delcroix	S D							
					Fisbach	D							
					Romanus	?							
17					Thonnart, M.	D				Piton	Fi D		
18													
19													
20					Mestrez	+	Tihon	++					
21							Mathieu	D					
22							Daneels, M.	++					
							Daneels, L.	++					
							Versteken	D		Herssens	SP D		
23	Leemans	S D											
	Mevis	C D											
							Delcroix, A.	++					
24										De Buyst	J ++		
25										***Lecocq F.***	J D		
26										***Goldberg S.***	J D		
27										***Berman J.***	J D		
28							Huart	C D		***Carlens J.***	J D		
							Dister	C D		***Orcher M.***	J D		
										Verneirt	J ++		
29													
30										Wolsztejn	J D		
31										Steux	J ++		
										Bourguignon	J D		
										Martin	Fi D		
1-8									2/8 [	Lagneaux	J ++		
2-8										***Volke A.***	J D		
8-8			Jeanty (?)							***Cauvain Ml.***	J D		
9-8					Eloy	Pr				***Cauvain Ms.***	J D		
27-8			Delinte	D					3/8 [	***Bridoux F.***	J D		
28-8			Preudhomme	D						***Cornet G.***	J D		
??			Verbeeck	D						***Roger D.***	J D		
			Eemans-Maree (?)										
			Debalay	+									

+	während der Deportation gestorben	C	Bote	EM	Hauptquartier	L	Unterbringung	S	Nationalsekretariat
++	erschossen oder enthauptet	CC	Kommandant PA-Korps	Fi	Front de l'Indépendance (Unabbängigkeitsfront)	Li	in Belgien befreit	SP	Föderales Politisches Sekretariat
(+)	von den Partisans Armés (Bewaffnete Partisanen)hingerichtet	D	nach Deutschland deportiert	J	JGSU und RNJ Jeune Garde Socialiste Unifiée und Rassemblement National de la Jeunesse	Pr	Gefängnishäftling in Belgien	aS	stellvertretender Sekretär

Die „Neue Ordnung“ in einer völlig anderen Welt

Das Gefängnis in Essen

Samstag 13. November 1943, gegen Abend. Der Zug hält in Essen.

Nach ein paar Augenblicken steigen wir unter Militärbewachung auf Bahnsteig 1 aus, keine normalen Reisenden sind zu sehen. Auf den anderen Bahnsteigen laufen die Leute hin und her, ohne uns Beachtung zu schenken. Für sie ist das wohl ein alltäglicher Anblick.

Am Bahnsteig 1 sind Büros, eine Tür steht weit offen. Zwei Männer in Zivil schreien plötzlich auf einen vor ihnen sitzenden Mann ein und beginnen, auf ihn einzuschlagen. Er schreit unter den Schlägen. Die Leute gehen vorbei, als gehe sie das nichts an.

Ein vielversprechendes Schauspiel!

Wir fahren ins benachbarte Gefängnis. Das erste deutsche Gefängnis.

Es sieht zwar weniger alt aus als Saint-Gilles, ist aber nicht weniger düster, feucht und kalt in einförmigem Feldgrau.

In der Nacht von Samstag auf Sonntag bombardieren die Alliierten den Bahnhof Essen, in dessen unmittelbarer Nähe sich das Gefängnis befindet. Die Gefängnismauern zittern wie bei einem Erdbeben, und durch die kleine Zellenluke fällt das Licht der Brände. Der Alarm dauert eine ganze Weile, und ich frage mich, was passiert, wenn das Gefängnis getroffen wird. Wir säßen wie die Ratten in der Falle, oder die Mauern stürzten ein und wir wären – oh Wunder – frei.

Was sollten wir dann aber tun? Ohne Ausweispapiere, ohne Geld, ohne deutsche Sprachkenntnisse in einer feindlichen Stadt, einem feindlichen Land. Unsere Chancen wären gleich Null.

Ein langes trostloses Heulen in der Nacht: Entwarnung.

Wir bleiben in Essen bis Montagmorgen.

Schon während unseres kurzen Verbleibs im Gefängnis in Essen werden die Essensrationen deutlich kleiner. Wir verzehren die Reste des Päckchens des Roten Kreuzes, das wir vor dem Abtransport aus Saint-Gilles bekommen haben. Am 15. November 1943 frühmorgens lassen wir Essen ohne Bedauern hinter uns.

Diesmal reisen wir mit unseren Wächtern in einem für uns reservierten normalen Wagon. Der Zug fährt langsam. Der Tag verstreicht langsam, wie ein „Tag ohne Brot". Abends kommen wir schließlich in dem kleinen Bahnhof Papenburg (Emsland) an. Dort wartet ein mit einer Plane versehener Lkw. Wir fahren in die beginnende Nacht und den Novembernebel.

Ein vielversprechender Empfang

Der Lkw fährt langsam über holprige Straßen durch die Nacht. Wohin, wissen wir nicht. Er ist eher „rustikal“. Wir fragen uns, ob die Fahrt wohl lange dauert.

Schließlich hält der Lkw in der Dunkelheit an. Unsere Wächter steigen aus. Wir warten etwas. Dann tauchen Schergen auf mit Taschenlampen und angeleinten Hunden.

In völliger Unordnung, dem „Raus, raus!“ der Wächter, dem wütenden Gebell der Hunde, die in unsere Waden beißen, steigen wir aus, werden herumgestoßen und mit Prügelstöcken geschlagen.

Im Strahl einer Taschenlampe sehen wir das monumentale Eingangstor mit dem Hakenkreuz. Das alles ist eher nicht beruhigend und lässt nichts Gutes ahnen.

Was erwartet uns morgen?

Esterwegen, der monumentale Lagereingang

Auszug aus dem Vorwort von Jules Richard zu dem Buch „Leidensweg der Kranken im KZ Esterwegen" Abbé Froidure

„Richtig ist, dass das Lager nicht Schauplatz von Grauen war, wie sie in anderen dafür unrühmlich bekannten KZs üblich waren. Richtig ist aber auch, dass wir dort im wahrsten Sinne des Wortes den Hungertod starben. Hunger wirkt sich allmählich auf die geistige Gesundheit aus.

An manchen Tagen lebten wir wie in einem Irrenhaus ..."

Auszug aus dem „Goldenen Buch des Widerstands"*

„... Das schönste Heldentum lebt ohne Zeugen, im Schatten, mit wilder Entschlossenheit: das ist der Mut. Er existiert bei der Verhaftung, in den Verhören, der Inhaftierung, im Gefängnis. Er zeigt sich besonders während der Folter. Doch hat er bisher noch nicht dem Schlimmsten standhalten müssen: der langsamen Vernichtung durch völlige Isolierung, systematische Entbehrungen, Demütigungen und Versklavung ohne irgendeine Zukunftsperspektive.

Mancher Häftling hat seine Kameraden um ihr Schicksal beneidet, erschossen zu werden. Von wenigen Ausnahmen abgesehen, ist der Schädling NN eine Hinrichtung nicht wert. Sein Tod könnte Aufsehen erregen. Er muss verschwinden, langsam, aus sich selbst heraus ... Angesichts dieser einzigen

* "Livre d'Or de la Résistance", Veröffentlichung der Kommission für die Geschichte des Widerstands im Verteidigungsministerium (Commission de l'Historique de la Résistance instituée par le Ministère de la Défense Nationale)

unausweichlichen Sicherheit musste man den Kopf hochhalten, um sich nicht entmutigen zu lassen und den Kameraden Mut zu machen, um den Hungerkrämpfen zu widerstehen, zu sehen, wie der letzte Tropfen des sowieso schon dünnen Bluts von Flöhen, Läusen und Wanzen ausgesaugt wird ...

Keine Nachricht von den Lieben zu Hause bekommen, das Röcheln der Sterbenden hören, die nackten Leichen vor den Türen der Blocks liegen sehen – ein Horror, der auch den letzten Rest der körperlichen und moralischen Widerstandskraft zunichte macht. Und dennoch: Patrioten aller Ränge teilten den selben Optimismus. Das ist das Heldentum in der Nacht! ...“

Die andere Welt – die Neue Ordnung

Ab 1933, unmittelbar nach der Machtergreifung, errichteten die Nazis auf deutschem Boden ein enges Netz von hunderten Haftlagern aller Art. Neben den mehr oder weniger großen Gefängnissen für Strafgefangene wurden Umerziehungslager zur Festsetzung von Regimegegnern eingerichtet.

Später kamen zwei neue, immer zahlreicher werdende Lagerarten hinzu. Zum einen die Vernichtungslager zur physischen Ausmerzung der jüdischen Bevölkerungsgruppen und der Zigeuner. Dabei handelte es sich um Endstationen von Eisenbahnlinien, wo die Deportierten unverzüglich in Gaswagen und Gaskammern geführt wurden. Dort wurden sie sofort umgebracht. Zum anderen die Konzentrationslager, in denen alle für das Regime als gefährlich geltenden Menschen inhaftiert wurden. Dort konnten Sadisten ihren niedrigsten Instinkten freien Lauf lassen. Es waren Anstalten der Unmenschlichkeit. Sie waren die organisierte Hölle, sie waren Orte, wo sich die Bestialität in ihrer verabscheuungswürdigsten Form systematisch entfalten konnte. Es waren Lager des langsamen Sterbens.

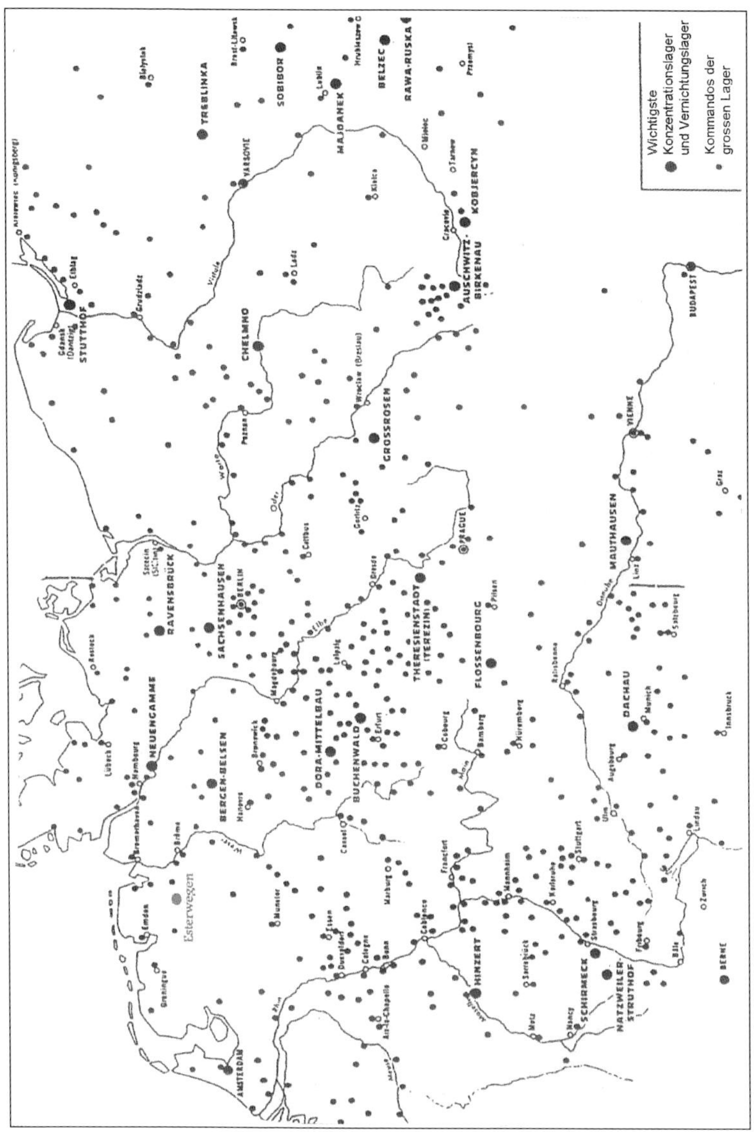

Karte der Konzentrations- und Vernichtungslager sowie Arbeitskommandos in den von den Nazis besetzten Ländern 1933 – 1945

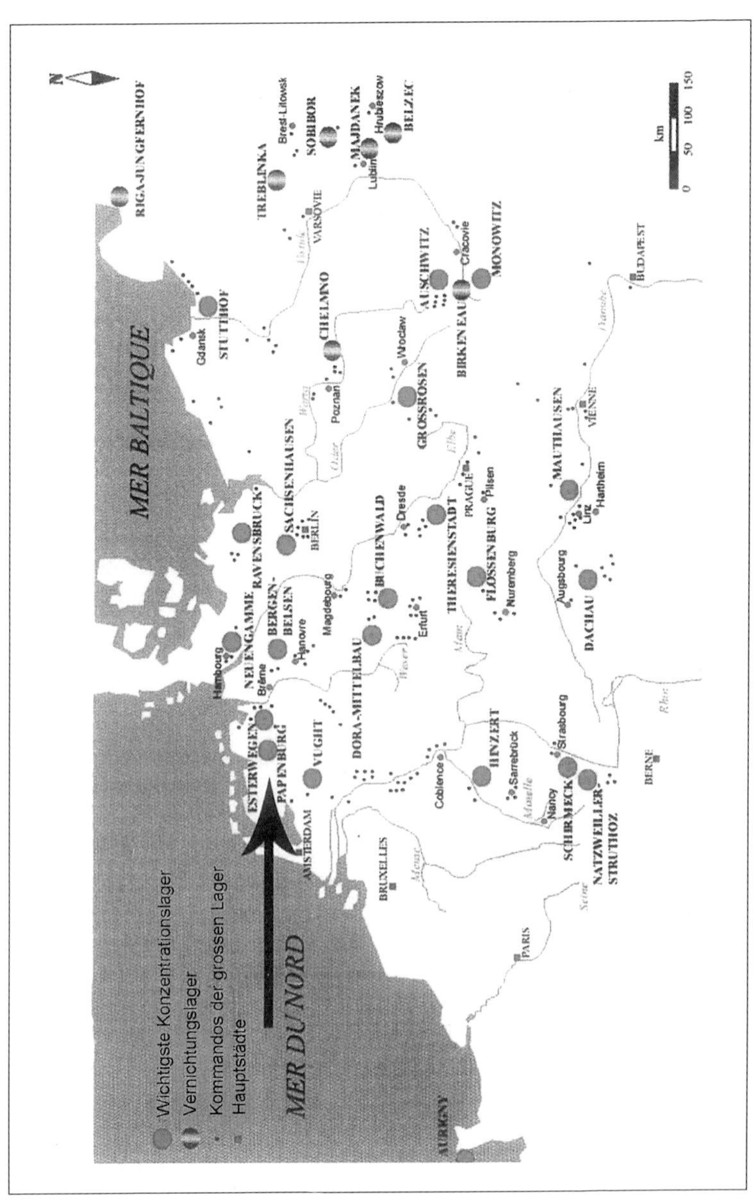

Karte der Konzentrations- und Vernichtungslager

Der „Nacht-und-Nebel"-Erlass

Am 7. Dezember 1941 verabschiedete Hitler den so genannten Nacht-und-Nebel-Erlass. Ziel war, die Bevölkerung der besetzten Länder durch schärfste Maßnahmen gegen Menschen, die deutschfeindliche Straftaten verübt hatten, einzuschüchtern. In den besetzten Gebieten stand auf Straftaten der Zivilbevölkerung gegen das Reich oder die Besatzungsmacht die Todesstrafe. Die Militärgerichte in den besetzten Ländern wurden mit diesen Straftaten überhaupt nur befasst, wenn mit der Verhängung und Vollstreckung der Todesstrafe in kürzester Zeit zu rechnen war. Alle politischen Gefangenen galten als Geiseln; von Falkenhausen ließ sie gegebenenfalls auch hinrichten. Konnte die überlastete Militärgerichtsbarkeit die verhängte Todesstrafe nicht rasch genug vollstrecken, wurden die Inhaftierten im Rahmen der Nacht-und-Nebel-Aktion nach Deutschland verschleppt. Auf den Begleitpapieren für Deutschland stand neben dem Namen der politischen Gefangenen: „NN": „Die Voraussetzungen für ein Urteil in den besetzten Gebieten sind nicht gegeben."

Von der Außenwelt völlig abgeschnitten verschwinden sie: keine Besuche, keine Briefe, keine Päckchen. Nichts über das Schicksal der Deportierten darf nach außen gelangen. Abschiedsbriefe und Testamente der zum Tode Verurteilten werden zurückgehalten; die Familien und die Presse werden von dem Tod oder der Hinrichtung eines NN-Gefangenen nicht unterrichtet. Die Leichen werden der Staatspolizei zur Beisetzung übergeben; die Gräber tragen keine Namen. Die ausgesprochene Absicht, alle NN-Gefangenen spurlos verschwinden zu lassen, wird durch die Todesmärsche in die Tat umgesetzt, Zwangsmärsche, in deren Verlauf die erschöpft zusammengebrochenen Gefangenen am Straßenrand umgebracht werden. In den Konzentrationslagern arbeiten die NN nicht im Außeneinsatz, sie bleiben abgeschirmt in eigenen

Baracken. Diese völlige Isolierung war unerträglich! Um die Kontaktsperre zu überleben, entwickeln die Gefangenen eine unglaubliche Erfindungsgabe, um Nachrichten zu bekommen und in Verbindung zu bleiben. In Esterwegen beispielsweise wagt der Bruder Jean Sugg die Teile zu stehlen, die für den Bau eines Galenitradios erforderlich sind, ein gefährliches Unterfangen. Damit können die Kameraden nachts Radio London hören und die Nachrichten in den Baracken vorlesen.

Nachbau des Galenitradios der Gefangenen im Lager Esterwegen. Im Besitz von Jean-Marie Van Peteghem. Le Soir, 24. Januar 1992

Die Emslandlager

Im März 1933 werden im Emsland im Nordwesten Deutschlands nahe der holländischen Grenze in einer Sumpf- und Torflandschaft fünfzehn Lager errichtet. Die Nazis internieren dort Regimegegner. Die Kleinstadt Papenburg wird Verwaltungszentrum.

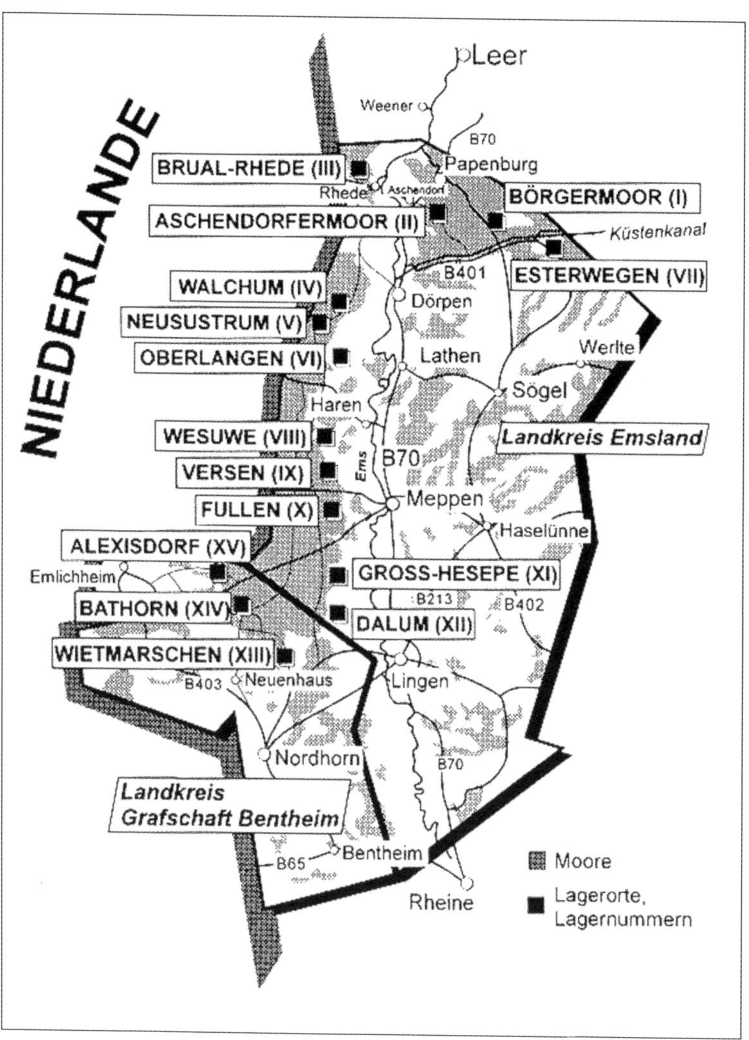

Die Lager im Emsland, Karte: Bruno Brückner, Papenburg, 1994

Börgermoor

Börgermoor ist das erste Lager im Emsland. Hier komponiert ein Gefangener das „Lied der Moorsoldaten“, „Le Chant des Marais“, das später zur eigentlichen Deportationshymne wird. Zunächst hieß es das „Börgermoorlied“. Als dann in Esterwegen 1934 der Wortlaut zum ersten Mal geändert wurde, wurde es unter der Bezeichnung „Die Moorsoldaten“ („Les Soldats de la Tourbe“) bekannt.

Die deutschen Antifaschisten haben es dann in alle Lager getragen. 1936 war das Lied über die Grenzen hinaus als Moorlied, „Chant des Marais“, bekannt und war als Volks- und Pfadfinderlied verbreitet.

Es bestehen verschiedene Fassungen des Lieds. In Esterwegen sangen wir es so:

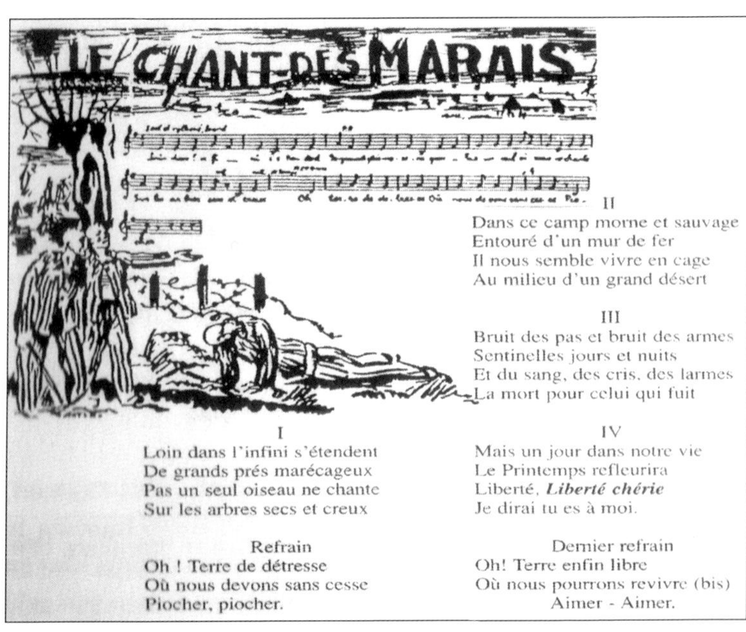

Liberté Chérie?

Luc Somerhausen, der erste Freimaurer der Loge „Liberté Chérie“ in Esterwegen, hat sich nie zu der Wahl dieses Namens geäußert. Wahrscheinlich drängte er sich den Gefangenen in diesem schrecklichen Todeslager wie selbstverständlich auf.

Die Moorsoldaten

Manche NN-Gefangenen der Baracke 6 in Esterwegen waren früher Pfadfinder gewesen oder hatten anderen Jugendorganisationen angehört. Mit Wehmut erinnerten sie sich der nächtlichen Runden ums Lagerfeuer. Dann stimmte einer ein Lied an, seine Kameraden fielen ein, und dann sangen immer mehr Männer mit. Einige Teilnehmer dieses improvisierten Chors wurden besonders geschätzt, so der Lütticher Opernsänger Henri Merlant, der junge Partisane Pol Lavoine (F.T.P. Francs-tireurs et Partisans), der mit Akkordeonbegleitung auf den Dorfbällen im Pas-de-Calais aufgetreten war, oder auch der Arzt Dr. Degueldre, der mit seiner Darbietung des Liedes „Dem Kamel ists egal“ („Le chameau s’en fout“) oder seinen Kalauern wie der beliebten „Furztirade“ („La tirade du pet“) immer Erfolg hatte.

Am beliebtesten war aber zweifellos Joseph Berman mit dem Moorlied, das er aus seiner Zeit in den jüdischen Jugendbewegungen her kannte. Er brachte uns das Lied bei, und wir sangen es mit ihm, während sich andere Gruppen an den Nachbartischen bildeten.

Wir kennen zwei unterschiedliche Fassungen der vierten Strophe.

Wir sangen:

Einmal werden froh wir singen: Freiheit, Du bist wieder mein.

und die andere Gruppe:
Einmal werden froh wir singen: Heimat, Du bist wieder mein.

Diese Texte zeigen deutlich die beiden Strömungen des belgischen Widerstands: Zum einen ging es um den patriotischen Kampf, zum anderen um den Kampf gegen die Nazis.

Wir alle waren Widerstandskämpfer und achteten einander, doch hoben wir das, was uns am wichtigsten war, gerne hervor und sangen lauter und skandierten den Text der besagten Strophe.

Es war eine spielerische Herausforderung, an der sich unsere Tischnachbarn, die Brüder Paul Hanson, Luc Somerhausen, Franz Rochat, Jean Sugg, Guy Hannecart, Joseph Degueldre und Amédée Miclotte beteiligten.

So ist die gerechte und vollkommene Freimaurerloge „Liberté Chérie“ wahrscheinlich zu ihrem Namen gekommen.

Esterwegen

Esterwegen ist Lager Nr. 7 im Emsland, etwa 70 km von der holländischen Grenze entfernt auf der Höhe von Groningen und Oldenburg. Vor dem Zweiten Weltkrieg sind Esterwegen und Börgermoor dadurch bekannt geworden, dass der Journalist und Chefredakteur der „Weltbühne“, Carl von Ossietzky, dort interniert war und den Friedensnobelpreis erhielt.

Anfänglich wurden die Lager von der SA verwaltet, mit deren Hilfe Hitler zur Macht gekommen war. In der „Nacht der langen Messer“ am 30. Juni 1934 wurden die wichtigsten Führungspersönlichkeiten der SA von der SS ermordet. Danach unterstanden die Lager der Gestapo und der SS.

Ab Kriegsbeginn 1939 wurde die SS in den Emslandlagern den Kampftruppen zugewiesen und durch einfache Gefängniswärter ersetzt. Natürlich wurden mit dieser Aufgabe nur überzeugte, besonders „eifrige“ Nazis betraut. Sie wurden übrigens 1947 als Kriegsverbrecher verurteilt.

Nach 1941 wurden im Lager Esterwegen alle Maßnahmen getroffen, die die Geheimhaltung gemäß dem Nacht-und-Nebel-Erlass gewährleisteten. Um das isoliert in einer Sumpflandschaft gelegene Lager wurde eine 6 m hohe Mauer gezogen. An jeder Ecke stand ein Wachturm mit bewaffneten Aufsehern, die sich regelmäßig abwechselten. Hohe engmaschige Stacheldrahtzäune auf beiden Seiten der Mittelallee trennten den nördlichen Lagerteil mit den Strafgefangenen vom Südteil des Lagers, in dem die politischen Nacht-und-Nebel-Gefangenen untergebracht waren, hauptsächlich aus Belgien (mehr als 80 %), aus dem französischen Pas-de-Calais (10 %) sowie aus Holland und anderen Ländern.

Zehn oder zwölf Baracken standen in sicherem Abstand nebeneinander entlang der Mittelallee. Jedweder Kontakt, und sei es nur mündlich, zwischen den beiden Lagerteilen war verboten und durch die Mittelallee auch gar nicht möglich.

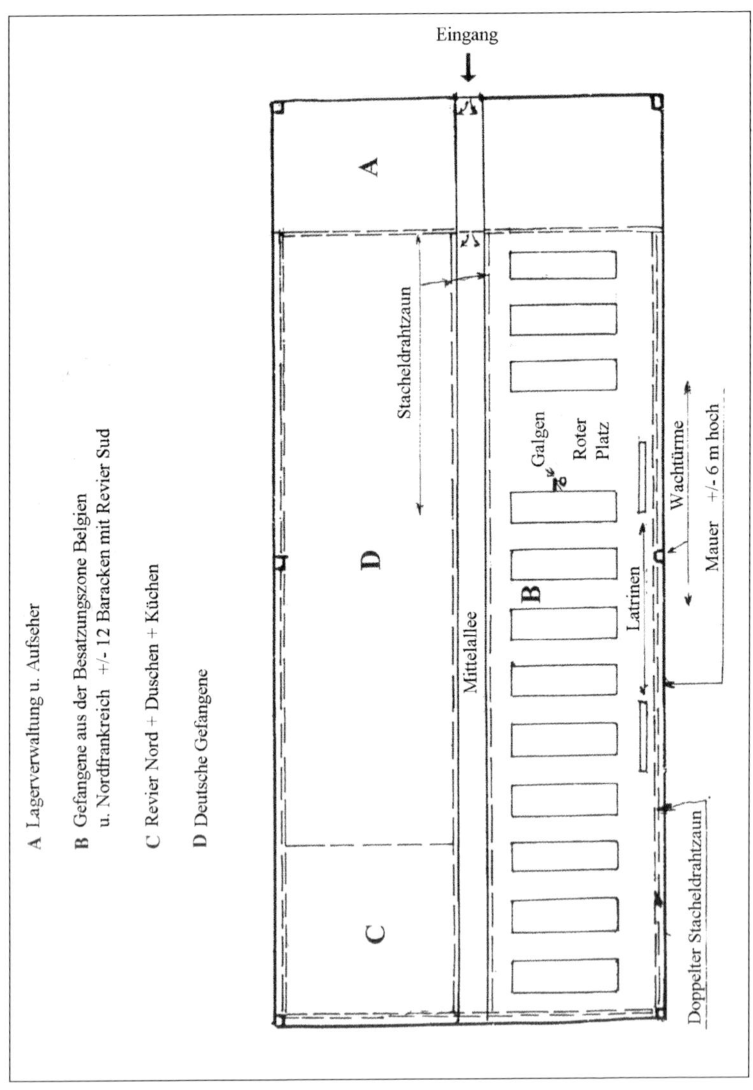

Gesamtansicht des KZ Esterwegen. Aus der Erinnerung gezeichnet von Marcel Cauvin.

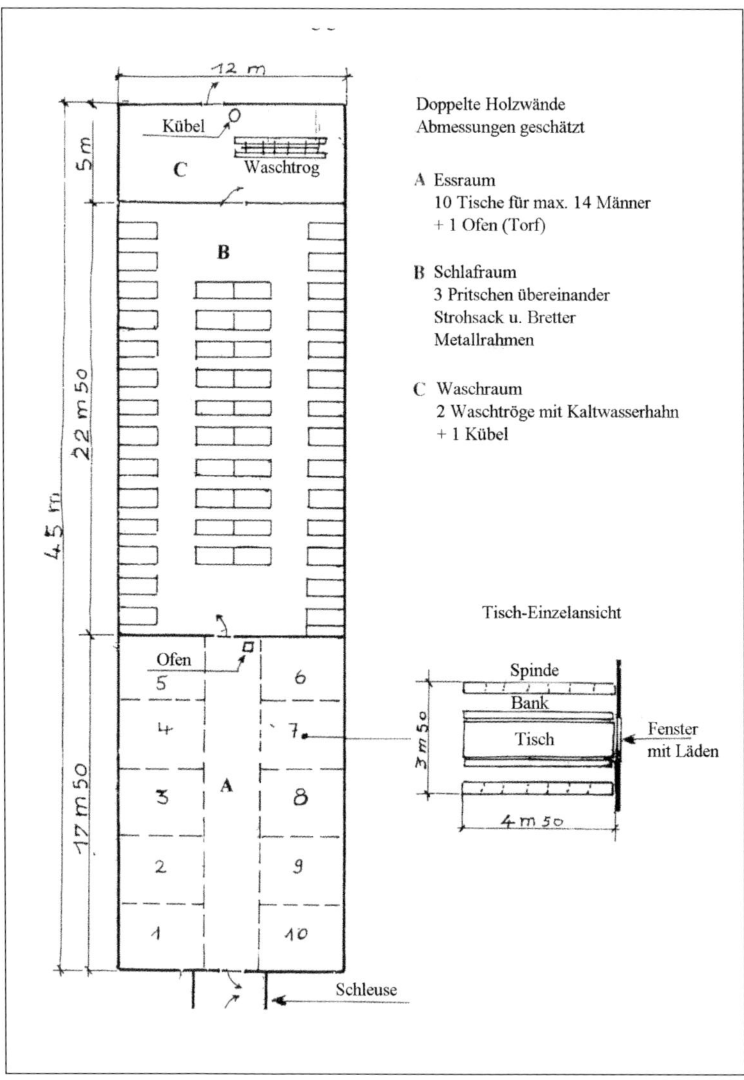

Baracke 6 des KZ Esterwegen. Aus der Erinnerung gezeichnet von Marcel Cauvin.

Ein Wachturm des Lagers

Ansicht der Baracken 5 und 6

Im nördlichen Teil gegenüber waren nur deutsche Strafgefangene untergebracht

Die Baracken

In jeder Baracke gab es zunächst einen schmalen Eingang, der in die beiden ineinander übergehenden Räume, den Aufenthaltsraum und den Schlafraum, sowie einen kleinen Waschraum führte.

Der Wohnteil diente als Essraum. Zu beiden Seiten eines Mittelgangs standen fünf Tische mit jeweils vierzehn Sitzgelegenheiten. Hinter jedem Platz befand sich ein Blechfach für jeden Insassen. Am Ende des Mittelgangs nahe der Verbindungstür zum Schlaftrakt stand ein primitiver Ofen, der mit wenigen Torfbriketts beschickt wurde und die Baracke heizen sollte. Die Wärme war höchsten 2 bis 3 m weit spürbar.

Im Schlaftrakt befanden sich Stockbetten. Schlagläden, die nie geöffnet wurden, verbargen die Fenster. Tagsüber war es dämmrig. Nachts gab es keine Beleuchtung. Es war feuchtkalt.

Für die Nacht mussten sich die Gefangenen auskleiden. Dann wurden sie eingeschlossen. Sie lagen zu Dritt auf einer Zweipersonenpritsche, um gemeinsam unter den Decken zu liegen und sich gegenseitig zu wärmen. Dann begann die nicht enden wollende Nacht mit leisen Unterhaltungen, die nach und nach still wurden. Stattdessen Schnarchen, Rufen, Seufzen und Schreien aus der Tiefe der Albträume der Schläfer. Und in der Schwärze der Nacht ständig Schatten, die sich von Bett zu Bett tasteten auf dem Weg in den hinteren Teil des Raums, wo sich hinter zwei Türflügeln der Waschraum befand.

Dieser Raum war deutlich kleiner. Zwei lange Tröge mit etwa 20 Hähnen für ein dünnes Wasserrinnsal. In einer Ecke ein Loch im Boden für den Urin. In der anderen Ecke ein Fass für die Exkremente. Ganz hinten eine Tür nach draußen, wo sich die Latrinen befanden. Diese waren nur eine halbe Stunde morgens beim so genannten „Ausgang“ unter Bewachung zugänglich.

„Überleben“ in Esterwegen

Die im Nacht-und-Nebel-Erlass vorgesehene Geheimhaltung prägte das Leben der politischen Gefangenen in Esterwegen und spielte zweifellos eine ausschlaggebende Rolle bei der gewagten, gefährlichen, aber einzigartig dastehenden Schaffung der Loge „Liberté Chérie“. Da jedweder Kontakt unterbunden wurde, durften die NN-Gefangenen nicht der Überwachung durch von der SS eingesetzte deutsche Strafgefangene unterstellt werden, die sich in anderen Lagern dadurch hervortaten, andere Gefangene, die sie als ihre Sklaven betrachteten, zu misshandeln und umzubringen.

Auch durften die NN nicht zu Arbeitskommandos außerhalb des Lagers eingeteilt werden. Da ihre Arbeitskraft also nicht genutzt werden konnte, waren sie für die SS weitgehend uninteressant. Das dürfte der Hauptgrund dafür gewesen sein, dass die Verwaltung des Lagers Esterwegen den dort befindlichen Gefängniswärtern übertragen worden war, als die NN im südlichen Lagerteil untergebracht wurden. Die SS konnte sich im Übrigen auf diese „guten Nazis“ verlassen, die sich in den Umerziehungslagern im Emsland bereits bewiesen hatten, und sich mit Sicherheit als besonders „tüchtig“ erweisen würden, um nicht aufgrund einer geringfügigen Verfehlung an die Front geschickt zu werden. Mit Schlägen, Erniedrigungen, Demütigungen, Misshandlungen aller Art legten diese „einfachen Gefängniswärter“ besonderen Eifer bei der Erfüllung ihrer Aufgabe an den Tag. Im Oldenburger Prozess 1947 wurden neun von ihnen wegen Kriegsverbrechen verurteilt. Die Anklage lautete auf den durch ihre Handlungen hervorgerufenen Tod von neun Gefangenen und auf Körperverletzung und Misshandlung im Fall von Hunderten anderen (Le Soir, 28.03.1947). Bedenkt man die physischen und psychischen Lebensbedingungen in diesen ungesunden deprimierenden Lagerräumen in Esterwegen, und darüber hinaus das Verhalten der Wächter, lässt sich das Ausmaß der Zerrüttung der politischen Gefangenen leicht vorstellen. Mehr als zwei Drittel derer, die durch Esterwegen gegangen sind, sind unausweichlich eines grausamen Todes gestorben.

Beim Oldenburger Prozess sagte der Chefarzt der Emslandlager, Dr. Hillmann, während seines Verhörs aus: „Die Häftlinge waren in einem äußerst schlechten gesundheitlichen Zustand. Der erste Fall von Tuberkulose wurde am 1. Juni 1943 verzeichnet; am Tag darauf ein Fall von Diphtherie, also nur wenige Tage nach der Ankunft der NN-Gefangenen. Die Tagesration in Esterwegen belief sich auf 1700 Kalorien. Wären die Menschen ausreichend ernährt gewesen, hätten die meisten die Krankheit bekämpfen können und wären nicht gestorben."

Das ist einleuchtend, da bekanntlich mindestens 1800 Kalorien pro Tag erforderlich sind, um den Grundstoffwechsel und damit das Leben zu erhalten. Von den angeblichen 1700 Kalorien ging allerdings noch einiges ab, bevor die Ration ausgeteilt wurde. Denn wie in den meisten Lagern gab es in Esterwegen Schweine, die für die Wärter und ihre Familien gemästet wurden. Die Tiere bekamen, was von der für die Gefangenen bestimmten Ernährung abgezweigt wurde. Der Rest ging in das Nordlager in die Küche, wo die deutschen Strafgefangenen das Essen zubereiteten. Sie bedienten sich natürlich zuerst. Was übrig blieb, war für die NN-Gefangenen. Nach Schätzungen, die der Wahrheit wohl am nächsten kommen, lag die Tagesration bei höchstens 1000 Kalorien. Unter diesen Umständen verloren die Gefangenen 4 bis 5 kg im Monat, sodass die meisten Insassen von Esterwegen an Entkräftung starben, wenn sie nicht durch Infektionskrankheiten wie Tuberkulose, Diphtherie, Skorbut, Ruhr oder an den Folgen der schlechten Behandlung zu Tode kamen.

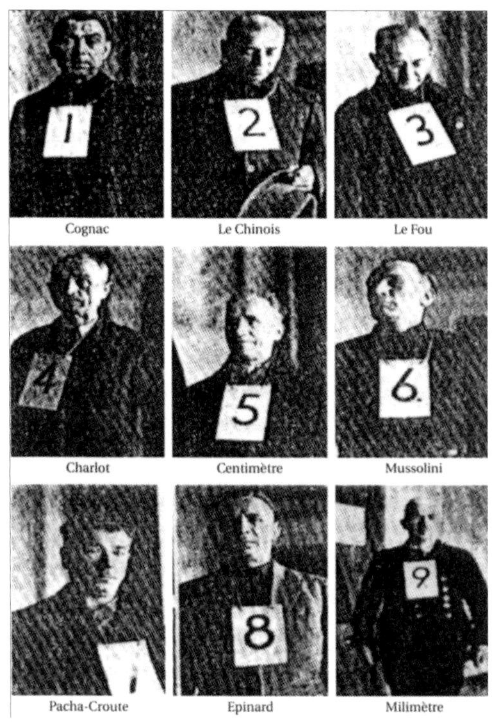

Fotogalerie der „Erzieher": einfache Gefängniswärter, Le Soir, 28.3.1947

Abbé Edouard Froidure: „Der Kreuzweg der Gefangenen im Lager von Esterwegen", (Aus: „Endlich: Suppe fassen! Zeichnungen von Gefangenen", Brüssel)

Die Nacht-und-Nebel-Häftlinge in Esterwegen und die Loge „Liberté Chérie"

Der erste Transport von politischen NN-Gefangenen erreicht Esterwegen am Freitag, dem 21. Mai 1943, der zweite am 28. Mai 1943. Die Gefangenen kommen aus Bochum, wo sie monatelang inhaftiert waren. Zu den ersten gehörten:

Franz Rochat, geboren am 10. März 1908 in Saint-Gilles. Aufnahme in der Loge „Les Amis Philanthropes" im Orient Brüssel während seines Studiums an der Freien Universität Brüssel (Université Libre de Bruxelles). 1934 Apotheker, 1941 Doktor der Pharmazie, Abteilungsleiter, dann technischer Direktor bei den Laboratoires Optima in Brüssel. Im Mai 1940 steht er als Apotheker im Grade des Leutnants 18 Tage lang im Feld. Seine Untergrundarbeit beginnt am 1. Oktober 1941. Mitarbeit an der Untergrundzeitung „La Voix des Belges". Er arbeitet im Spionage- und Aktionsdienst und ist Gruppenleiter im Intelligence Service in Belgien. Als im Februar 1942 die Kriegsapothekerkammer geschaffen und von Romsée unterzeichnet wird, nimmt er in einem offenen Brief zu dieser, dem Ordre Nouveau nahestehenden Kammer Stellung: „In einem besetzten und geteilten Land mit unbestimmter Zukunft, dessen Schicksal durch Waffengewalt zwischen zwei Nachbarländern ohne uns entschieden wird, kann keine Apothekerkammer mit Beitrittspflicht gegründet werden." Am 28. Februar 1942 wird er von der Geheimen Feldpolizei wegen Spionage und Hilfe für den Feind verhaftet. Am 5. August 1942 beschließt die Militärregierung, ihn als Nacht-und-Nebelhäftling nach Deutschland abzuschieben. In Bochum kommt er mit weiteren 37 Gefangenen, die in der selben Angelegenheit festgenommen werden („Réseau Mill"), am 19. August 1942 an. Zu ihnen gehört auch unser Bruder Jean Sugg.

Jean Sugg, geboren am 8. September 1897 in Gent. Er ist schweizerischer Abstammung. Auch er gehört der Loge „Les Amis Philanthropes“ an. Er ist Arzneimittelvertreter, hat Franz Rochat beruflich kennen gelernt, und ist mit ihm befreundet. Ab 1. April 1941 gehört er dem Widerstand an und arbeitet mit Rochat bei der Verbreitung der Untergrundpresse, vor allem „La Voix des Belges“ und „La Libre Belgique“ zusammen, für die er deutsche und schweizerische Artikel übersetzt. Er beteiligt sich auch an der Hilfe für Fahnenflüchtige. Am 21. März 1942 wird er von der Geheimen Feldpolizei verhaftet. Die Anklage lautet auf Spionage und Feindbegünstigung, wie bei Rochat. Mit 34 weiteren Gefangenen des „Réseau Mill“ wird er nach Deutschland abgeschoben. Auch er kommt am 19. August 1942 in Bochum, und am 21. Mai 1943 in Esterwegen an.

Guy Hannecart, geboren am 20. November 1903 in Brüssel. Anwalt. Mitglied der Loge „Les Amis Philanthropes Nr. 3“. Ab Anfang 1941 ist er gemeinsam mit seinem Bruder Fernand Mitglied des Nationalen Direktoriums des „Mouvement National Belge“. Mit Louis Schmidt ist er Chefredakteur der Untergrundzeitung „La Voix des Belges“. Mitarbeiter sind Rochat und Sugg. Die drei Männer kennen sich also schon vor ihrer Ankunft in Esterwegen. Hannecart wird am 27. April 1942 festgenommen, am 16. Januar 1943 nach Bochum transportiert und erreicht Esterwegen am 28. Mai 1943.

Paul Hanson, geboren am 25. Juli 1889 in Lüttich. Richter. Mitglied der Loge „Hiram à l’Orient“ in Lüttich. Doktor der Rechtswissenschaften der Universität Lüttich. Anwalt in Lüttich. Dann Stellvertretender Staatsanwalt in Mons, dann in Lüttich. Schließlich 1937 Friedensrichter im Gerichtskanton Louvigny. Im März 1942 ist er Richter in dem Prozess gegen 121 Landwirte, die sich geweigert haben, einen Beitrag zu der von der Besatzungsmacht geschaffenen „Nationalen Vereinigung für Landwirtschaft und Ernährung“ zu zahlen. Das

Urteil Paul Hansons fällt günstig für die Landwirte aus. Er erklärt die Vereinigung für verfassungswidrig und ohne rechtliche Grundlage. Wie Rochat, Sugg und Hannecart arbeitet auch Hanson seit dem 1. Dezember 1941 für einen Spionagedienst. Bis 30. Juli 1942 wird er in Saint Léonard in Haft gehalten, dann nach Bochum überstellt, und erreicht Esterwegen am 28. Mai 1943.

Nach eineinhalbjähriger Gefangenschaft ist er mit 54 Jahren schon ein alter Mann. Groß und kräftig bei seiner Ankunft, ist er entsetzlich abgemagert. Er gehört zu denen, die am stärksten unter dem Hunger leiden. Eines Tages gibt es „Stacheldrahtsuppe". Wir nennen sie so, weil sie aus den Schoten dicker Bohnen mit den Fäden besteht, ohne Bohnen natürlich. Die Schoten wurden in Salzlake konserviert. Und man hätte glauben können, dass sie uns genauso vorgesetzt wurden, ein bisschen aufgewärmt. Es war ungenießbar. Wir haben sie nicht angerührt trotz des Hungers, außer Hanson. Stunden später schwollen sein Gesicht und Kopf fast um das Doppelte an. Tagelang war er krank wie ein Hund. Trotz seines schlechten Gesundheitszustands behielt Richter Hanson seine geistigen Fähigkeiten; was er sagte, galt. Ich erinnere mich an eine Diskussion, bei der wir uns fragten, ob unsere Kameraden bei den Verhören durch die Nazis umgefallen waren. Richter Hanson beendete die Diskussion mit diesem schrecklichen unwiderlegbaren Satz: „Meine Herren, wenn es unter uns keine Verräter gegeben hätte, wären nicht so viele von uns hier."

Fernand Erauw, geboren in Wemmel am 29. Januar 1914. Ankunft in Esterwegen am 28. Mai 1943. Prüfer im Direktorenrang am Rechnungshof. Leutnant der Geheimarmee. Wird am 4. August 1942 wegen Feindbegünstigung festgenommen. Inhaftiert in St. Gilles, dann in Bochum am 14. Oktober 1942 und am 28. Mai 1943 in Esterwegen. Er wird als einziger in der Loge „Liberté Chérie" eingeweiht. Von Anfang an sind diese Fünf in Baracke 6 zusammen. Die vier Brüder sitzen mit anderen Gefangenen an Tisch 3.

Leben in der Baracke

Die unterschiedlichsten Menschen leben in der Baracke zusammen: Armeeangehörige, Beamte, Ärzte, Juristen, Ingenieure, Journalisten, Geistliche, Lehrer, Studenten, Geschäftsleute, Arbeiter, Aristokraten und ein Einbeiniger aus Lüttich, der als Beruf „Bettler am Quai de la Batte" angegeben hatte.

An den Tischen findet man sich in Sprachgruppen, aufgrund von Geistesverwandtschaft oder Angehörigkeit zu Widerstandsorganisationen zusammen. Die Katholiken scharen sich um die Priester und beten abends laut zusammen.

Tisch 1 (1. Tisch links vom Eingang): (**S**) Barackenvorsteher Ephrem Van den Eede, Sozialarbeiter, sozialistischer Schöffe der Stadt Renaix, zweisprachig, mit guten Deutschkenntnissen wie die meisten Flamen. Höflich wie er ist, wird er allgemein geschätzt, und bemüht sich, etwaige Unstimmigkeiten beizulegen, um das Einvernehmen zwischen den Gruppen zu bewahren. Neben ihm sitzen drei keiner Glaubensgemeinschaft Angehörige (**A**) und acht Katholiken (**K**), alle Flamen wie er.

Tisch 2: Zwei Landesleiter der Widerstandsbewegung R.N.J., Roger Debuyst und Maurice Orcher, sitzen einander gegenüber. Dann die Gruppe von Dr. Joseph Degueldre aus Pépinster (**AK**), Henri Merland aus Wegnez, Marcel Darimont aus Lüttich, Joseph Malherbe aus Nessonvaux, Paul Van Herck aus Lüttich, Baron Albert del Marmol aus Wezembeek und Arthur Ambursin aus Tournai.

Tisch 3: Fünf Landesleiter der R.N.J.-Bewegung, Jean Lagneau, Fernand Lecocq, Aimé Verneirt, Alfred Steux, Simon Goldberg und ein Regionalleiter, Joseph Berman (**J**). Sechs

Freimaurer: Luc Somerhausen, Paul Hanson, Guy Hannecart, Franz Rochat, Amédée Miclotte und Jean Sugg (▲), zwei religionslose Personen, u.a. Major Cosse (**A**) (Ende November 1943).

Tisch 4: Zwei Regionalleiter des R.N.J. Marcel und Marius Covin (**J**), elf Christen, darunter Comte Jean d'Ursel und Kervyn de Meerandré (**K**).

Tisch 5: Zwei Regionalleiter des R.N.J., Jean Carlens und Franz Bridoux (**J**), drei französische Widerstandskämpfer (F.T.P.) aus dem Nord Pas-de-Calais, u.a. Hypolite Avoine und sein Sohn Paul, Emile Fournier, Abel Duthois, Henri Ducatel und sein Bruder Auguste sowie ein Schmied aus Saint-Amand, dessen Namen ich vergessen habe (**P**), zwei Katholiken, Omer Delmée und Alphonse Bureau aus dem Borinage (Südwallonien), de Bossu (**K**) und François, der Einbeinige aus Lüttich (**A**).

Tisch 6, 8, 9: Katholiken, die der Messe beiwohnen (**K**).

Tisch 7: der Priester Abbé Heymans und Vater Agnello (**K**), Fernand Erauw (**A**). Die übrigen sind Katholiken, die mit den Priestern die Messe zelebrieren (**K**).

Tisch 10: vier Nichtchristen (**A**), fünf bewaffnete Partisanen (P.A.) aus der Lütticher Gegend, darunter Bruder René Deprez (**P**), und fünf Katholiken.

Bemerkung: Dies ist die Platzverteilung kurz nach unserer Ankunft im November 1943, soweit wir sie 60 Jahre später aus dem Gedächtnis aufzeichnen konnten. Die Freimaurer und die anderen Gefangenen ohne Religionszugehörigkeit waren weniger zahlreich und saßen mehr in unserer Nähe (an den Tischen 1, 2, 3, 4, 5), daran besteht kein Zweifel. An Tisch 7 saß Bruder Fernand Erauw den beiden Priestern gegenüber, was er 1995 bestätigt hat. Unser Bruder René Deprez hat seinerseits bestätigt, dass er an Tisch 10 mit den Partisanen zusammensaß.

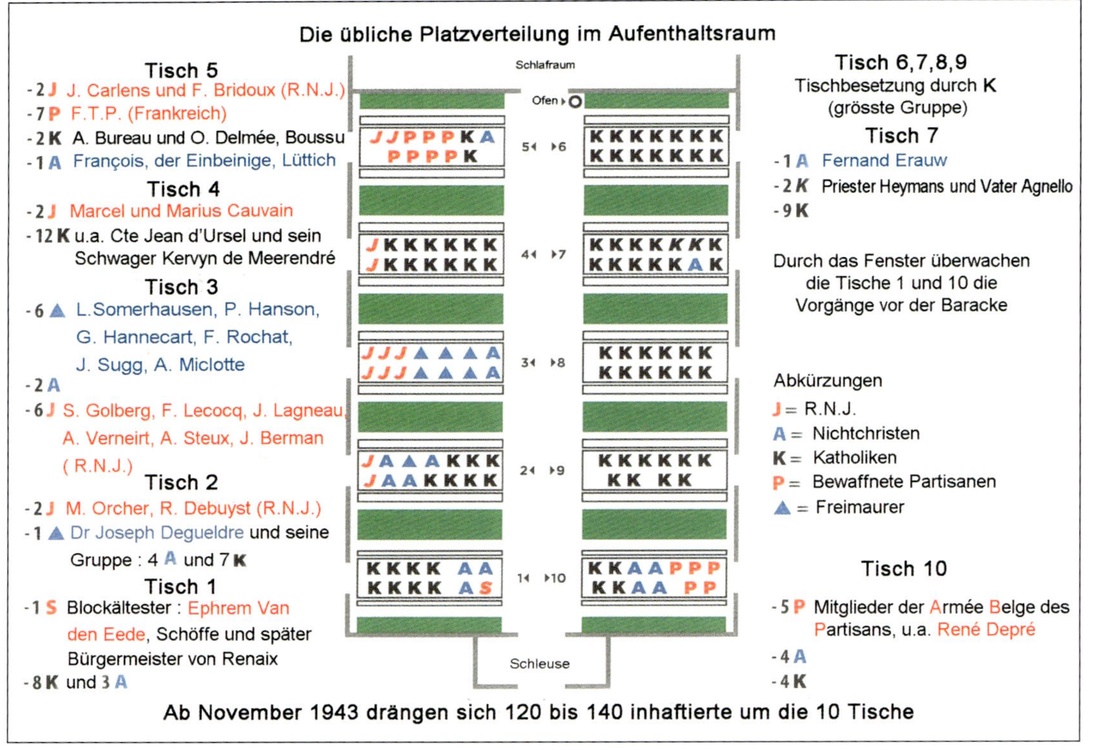
Die übliche Platzverteilung im Aufenthaltsraum
Tisch 5
-2 J J. Carlens und F. Bridoux (R.N.J.)
-7 P F.T.P. (Frankreich)
-2 K A. Bureau und O. Delmée, Boussu
-1 A François, der Einbeinige, Lüttich
Tisch 4
-2 J Marcel und Marius Cauvain
-12 K u.a. Cte Jean d'Ursel und sein Schwager Kervyn de Meerendré
Tisch 3
-6 ▲ L.Somerhausen, P. Hanson, G. Hannecart, F. Rochat, J. Sugg, A. Miclotte
-2 A
-6 J S. Golberg, F. Lecocq, J. Lagneau, A. Verneirt, A. Steux, J. Berman (R.N.J.)
Tisch 2
-2 J M. Orcher, R. Debuyst (R.N.J.)
-1 ▲ Dr Joseph Degueldre und seine Gruppe : 4 A und 7 K
Tisch 1
-1 S Blockältester : Ephrem Van den Eede, Schöffe und später Bürgermeister von Renaix
-8 K und 3 A
Schlafraum
Ofen
Schleuse
Tisch 6,7,8,9
Tischbesetzung durch K (grösste Gruppe)
Tisch 7
-1 A Fernand Erauw
-2 K Priester Heymans und Vater Agnello
-9 K
Durch das Fenster überwachen die Tische 1 und 10 die Vorgänge vor der Baracke
Abkürzungen
J = R.N.J.
A = Nichtchristen
K = Katholiken
P = Bewaffnete Partisanen
▲ = Freimaurer
Tisch 10
-5 P Mitglieder der Armée Belge des Partisans, u.a. René Depré
-4 A
-4 K
Ab November 1943 drängen sich 120 bis 140 inhaftierte um die 10 Tische

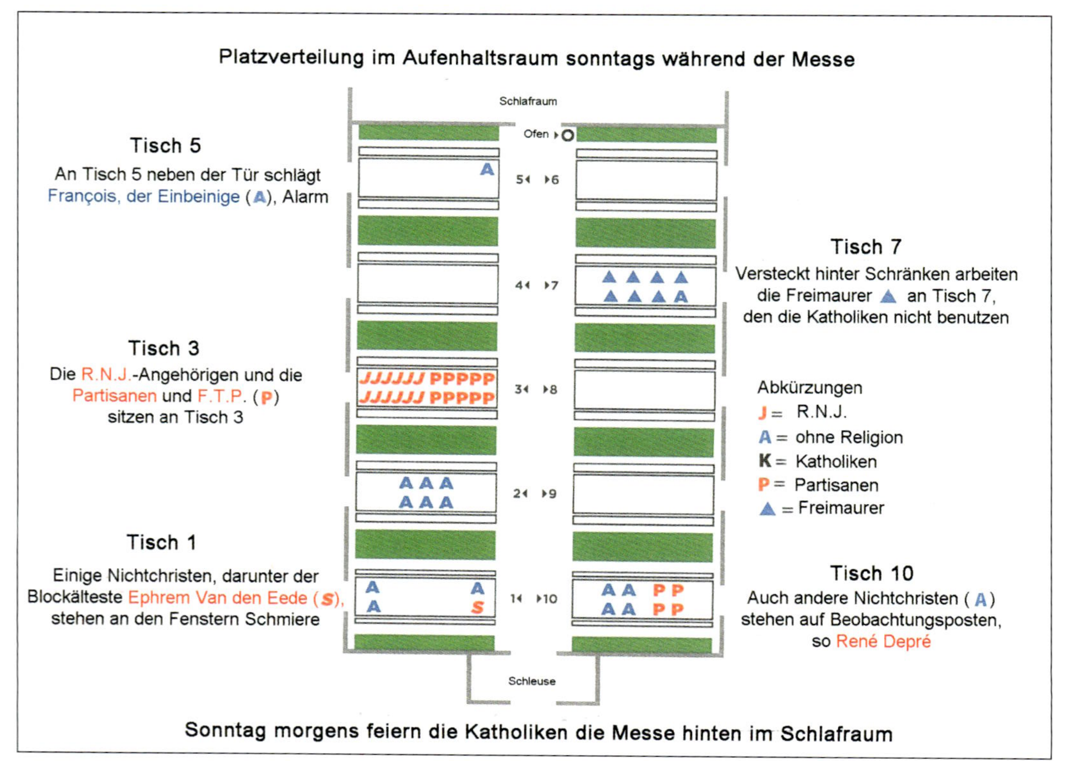
Platzverteilung im Aufenhaltsraum sonntags während der Messe
Schlafraum
Ofen
Tisch 5
An Tisch 5 neben der Tür schlägt François, der Einbeinige (A), Alarm
Tisch 7
Versteckt hinter Schränken arbeiten die Freimaurer ▲ an Tisch 7, den die Katholiken nicht benutzen
Tisch 3
Die R.N.J.-Angehörigen und die Partisanen und F.T.P. (P) sitzen an Tisch 3
Abkürzungen
J = R.N.J.
A = ohne Religion
K = Katholiken
P = Partisanen
▲ = Freimaurer
Tisch 1
Einige Nichtchristen, darunter der Blockälteste Ephrem Van den Eede (S), stehen an den Fenstern Schmiere
Tisch 10
Auch andere Nichtchristen (A) stehen auf Beobachtungsposten, so René Depré
Schleuse
Sonntag morgens feiern die Katholiken die Messe hinten im Schlafraum

Schaffung des Bruderkreises

In der Baracke 6 befanden sich ab Mai 1943 vier Freimaurer, die sich bald am Tisch 3 zusammenfanden. Franz Rochat und Jean Sugg waren langjährige Freunde und Mitglieder der Loge „Les Amis Philanthropes“ im Orient Brüssel. Wie Guy Hannecart gehörten sie der selben Widerstandsbewegung an, dem S.R.A. (Service de Renseignements et Action – Spionage und Aktion), und hatten an der Redaktion und Verbreitung der Untergrundzeitung „La Voix des Belges“ mitgearbeitet. Sie waren im Zuge der Affäre „Réseau Mill“ verhaftet worden. Der Vierte, Paul Hanson, gab sich als Freimaurer zwar nicht zu erkennen, glaubte aber auch nicht, dies verbergen zu sollen. Seine Zugehörigkeit war der deutschen Verwaltung seit der Veröffentlichung der Namen der Freimaurer in der Tageszeitung „La Libre Belgique“ bekannt. So standen die Gründer der Loge „Liberté Chérie“ wie viele andere am Pranger und waren ihren schlimmsten Feinden ausgeliefert. Sie mussten also nicht lange suchen, um einander zu erkennen. Bald saßen sie zusammen am Tisch 3 und bildeten den Bruderkreis, aus dem später die Loge „Liberté Chérie“ hervorgehen sollte.

Jean Sugg war nicht oft dabei. Aufgrund seiner Sprachkenntnisse war er zum Dolmetscher und Vertrauensmann geworden und arbeitete regelmäßig in der Lagerverwaltung, der Kammer der Bürobaracke. So hatte er Zugang zur so genannten Effektenkammer, wo die Personalien der Gefangenen sowie ihre Kleider und persönlichen Gegenstände aufbewahrt wurden.

Nach Angaben der Mitgefangenen durchsuchte er die Gepäckstücke und fand, was zur Herstellung eines Galenitradios erforderlich war, vor allem Kopfhörer. So konnten die Inhaftierten der Baracke 6, die von jedem Außenkontakt abgeschnitten waren, nachts Bruchstücke der Kommuniqués von Radio London in verschiedenen Sprachen mithören und zu Informationen zusammensetzen. Diese wurden laut vorgelesen, wodurch sich die allgemeine Stimmung erheblich verbesserte.

Den Mut zu bewahren, war das allerwichtigste. Es war die Voraussetzung zum Überleben.

Ein kurzer Ausgang unter strenger Bewachung, währenddessen die Latrinen benutzt werden konnten, war der einzige Lichtblick in einem sich unendlich langsam hinziehenden Tag ohne Beschäftigung. Das Warten auf das Essen war furchtbar, der Magen zog sich in schmerzhaften Krämpfen zusammen. Das Essen war so schlecht und so wenig, dass das schneidende Hungergefühl nie aufhörte und uns langsam aber sicher verrückt machte.

Um diesem Verrücktwerden etwas entgegenzuhalten, kamen die Häftlinge in kleinen Gruppen zusammen und diskutierten über Vorträge, die gehalten wurden. Die Älteren organisierten Unterrichtsstunden für die Jüngeren, die Erzähler dachten sich besonders interessante oder unterhaltsame Themen aus. Manchmal fing jemand an, Revolutionslieder zu summen; dann fiel bald ein improvisierter Chor ein, vor allem um das Moorlied in der eigenen Fassung zu singen.

Die Freimaurer an ihrem Tisch links in der Mitte des Raums spielten bei den Debatten eine herausragende Rolle. Wegen ihrer stimmigen Argumentation und ihrer toleranten Haltung waren ihre Beiträge besonders geschätzt. Oft rückten sie an einem Tischende zusammen und diskutierten leise mit einander, wobei sie versuchten, nicht gehört zu werden. Die Tischnachbarn saßen währenddessen am anderen Tischende. Solche Gespräche in kleinen Gruppen gab es viele. Jeder wollte sich ein Stückchen Privatleben bewahren. Es wäre unangebracht gewesen, dagegen etwas zu sagen.

An Tisch 3 hatten die Brüder zwei Nachbarn ohne Religionszugehörigkeit, S.R.A.-Mitglieder, die mit dem „Réseau Mill“ festgenommen worden waren, sowie sechs R.N.J.-

Leiter. Also keine Katholiken. In der Baracke waren diese allerdings in der Überzahl. Sonntags morgens versammelten sie sich im hinteren Teil des Schlaftrakts um die beiden Priester Abbé Heymans und Vater Agnello, um die Messe zu feiern.

Die gut 40 Nichtchristen und Atheisten saßen währenddessen im Essraum, schirmten die Katholiken ab und schoben Wache. Einige postierten sich am Fenster. Wenn sie einen Wachposten kommen sahen, riefen sie laut „Zweiundzwanzig“ und den Spitznamen des Betreffenden. Zwischen beiden Gruppen saß in der Nähe der Tür neben dem Ofen François, der Einbeinige, aus Lüttich, der den Alarm weitergab. Dann wurde die Messe abgebrochen, und jeder ging seiner üblichen Tätigkeit nach. Die Freimaurer benutzten die Aufpasser und die Abwesenheit der Katholiken, um sich an einem der leeren Tische zusammenzusetzen, vor den Blicken der anderen durch die Spinde mehr oder weniger geschützt. Währenddessen saßen die Nichtchristen an einem oder zwei Tischen und hörten einem Vortrag zu.

So haben die Katholiken ohne ihr Wissen und Wollen indirekt zum Ablauf der Arbeiten des Bruderkreises, der in der Baracke 6 in Esterwegen entstanden war, beigetragen. Wegen der beengten Verhältnisse in der überbelegten Baracke war es nämlich schwierig, die Diskretion zu wahren, außer eben sonntags vormittags während der Messe, wenn die Katholiken einen Teil der Tische räumten und die Spinde etwas Blickschutz boten.

Die derweil im Aufenthaltssaal anwesenden Nichtchristen hatten ihre eigenen Beschäftigungen; unangemessene Neugier wäre von niemandem geschätzt worden.

Ohne irgend jemanden besonders ins Vertrauen zu ziehen, entwickelten sich die Arbeiten des Bruderkreises nach und nach auf die Gründung der Loge „Liberté Chérie“ zu, bis weitere Brüder in der Baracke 6 ankamen.

Zeitleiste*

Verhaftung	Zugänge	Abgänge
28.02.1942 B∴ Franz Rochat		
21.03.1942 B∴ Jean Sugg		
23.04.1942 B∴ Paul Hanson		
27.04.1942 B∴ Guy Hannecart		
04.08.1942 Fernand Erauw	*in Bochum*	
	07.08.1942 B∴ Paul Hanson	
	17.08.1942 B∴ Franz Rochat	
	B∴ Jean Sugg	
	10.10.1942 Fernand Erauw	
20.10.1942 B∴ Amédée Miclotte	*in Bochum*	
	16.01.1943 B∴ Guy Hannecart	
	in Esterwegen	
	21.05.1943 B∴ Franz Rochat	
	B∴ Jean Sugg	
28.05.1943 B∴ Luc Somerhausen	*in Esterwegen*	
	29.05.1943 B∴ Paul Hanson	
	B∴ Guy Hannecart	
	Fernand Erauw	
25.07 - 03.08.1943 R.N.J. Anführer		
	in Esterwegen	
	28.08.1943 Priester Froidure	
02.09.1943 B∴ J.-B. De Schrijver	*in Esterwegen*	
	04.10.1943 Fernand Van Horn	
	12.10.1943 B∴ Luc Somerhausen	
	B∴ Joseph Degueldre	
20.10.1943 B∴ Henri Story	*in Esterwegen*	
	16.11.1943 15 R.N.J. Anführer	
	22.11.1943 Amédée Miclotte	
	07.12.1943 Französische F.T.P.	
	07.02.1944 B∴ J.-B. De Schrijver	
	Sontag 13 oder 20.02.1944	
	Initiation von Fernand Erauw	
		22.02.1944 B∴ Luc Somerhausen
	in Esterwegen	15.03.1944 B∴ J.-B. De Schrijver
	18.03.1944 B∴ Henri Story	
	24.03.1944 letzte Zugänge	25.03.1944 B∴ Paul Hanson
	in Esterwegen	03.04.1944 B∴ Amédée Miclotte
		15.04.1944 B∴ Franz Rochat
		B∴ Joseph Degueldre
		Französische R.N.J
		und F.T.P.
		17.04.1944 B∴ Fernand Erauw
		31.05.1944 B∴ Jean Sugg
		B∴ Guy Hannecart
		B∴ Henri Story
		31.05.1944 letzte Abgänge

* Unterlagen und verschiedene Register (2003), Service des Archives – Ministère de la Santé Publique, Square de l'Aviation, 1070 Brussel

Neuzugänge

Mitte Oktober 1943 kommen weitere Häftlinge in Esterwegen an:

Luc Somerhausen, geb. 27.8.1903, Hoeilaert. Journalist. Aufnahme 1925 in der Loge „Action et Solidarité", Brüssel. Funktion des Abgeordneten am Grand Orient de Belgique: Grand secrétaire national adjoint der Grande commission (Beisitzender Großsekretär). Als solcher in Freimaurerkreisen sehr bekannt. Adjutant in den S.R.A. wurde er von der Gestapo am 28.05.1943 verhaftet. Er kam in Esterwegen nach kurzem Aufenthalt im Gefängnis von Essen an. In der Baracke 6 schloss er sich den vier Brüdern, die vor ihm angekommen waren, an. Ab dann saßen fünf Freimaurer am Tisch 3. Da er die erforderlichen Abläufe am besten kannte, wurde er zur treibenden Kraft bei der Gründung der Loge „Liberté Chérie".

Er wurde erst ein Jahr später als die vier anderen festgenommen und war erst seit einem Monat in Esterwegen. Er war 40 Jahre alt und noch in recht guter Form. Er unterhielt sich regelmäßig mit seinem Kollegen, dem Journalisten und Professor Jean Lagneau, und dessen Freund, Fernand Lecoq, Anwalt und Kommunist. Beide wurden zusammen als Mitglieder des R.N.J. festgenommen.

Der Priester Bourguignon, der Landesvorsitzende des R.N.J., wagte es manchmal, die Baracke 5 zu verlassen, um sie zu treffen.

Diese Freunde, gebildet und kultiviert, vereint im Kampf gegen die Nazis, trugen ihre Meinungsverschiedenheiten mit Nachdruck aus, immer darauf bedacht, ihre politischen und philosophischen Überzeugungen in aller Höflichkeit zu verteidigen und dem Anderen zuzuhören. Bei diesen Disputen war der Priester Bourguignon der temperamentvollste. Der Wissenschaftler Lagneau war stets tolerant und freundlich, zog alles in Zweifel und akzeptierte nur den offensichtlichen Beweis. Lecoq war eher zurückhaltend, ein falscher Skeptiker, der seine Großherzigkeit hinter teilweise scharfen Argumenten vorsichtig verbarg.

Mit 40 Jahren war der Freimaurer Luc Somerhausen der Älteste, der Weise. Die drei Leiter des R.N.J., der Priester und die beiden Kommunisten, noch keine 30 Jahre alt, erkannten ihn als Schlichter an, der allein durch seine Anwesenheit die Meinungsverschiedenheiten entschärfte und in neue Kanäle lenkte.

Wissensdurstig wie wir Jüngeren waren, waren diese Wortgefechte wie eine Lehranstalt, eine Universität, die einen tiefen Eindruck hinterließen und unser ganzes Leben prägen sollten.

Joseph Degueldre, geb. 16.10.1904. Arzt in Pépinster. Wurde 1933 in der Loge „Le Travail" in Verviers aufgenommen. Er war Mitglied der Geheimen Armee ab 1941 und aktiver Agent von „Solidarité". Leiter der Untergruppe Pépinster eines Nachrichten- und Aktionsdienstes. Am 29.5.1943 wurde er von der Geheimen Feldpolizei verhaftet und in der Zitadelle von Lüttich inhaftiert. Auch er kam über Essen nach Esterwegen. Mit ihm kamen andere Widerstandskämpfer seiner Region, denen er sich als Freimaurer jedoch nicht zu erkennen geben wollte. Sie versammelten sich an Tisch 2 neben dem Tisch der fünf Brüder. Degueldre nahm an den Arbeiten am Sonntagmorgen teil.

Am 16.11.1943 kommen wir, eine Gruppe von zwölf jungen Widerstandskämpfern aus dem R.N.J., Sektion Front de l'Indépendance, in Baracke 6 an. Wir machen sogleich die Bekanntschaft mit fünf Freimaurern, die aus ihrer Zugehörigkeit zur Freimaurerei kein Geheimnis machen. (Liegt es daran, dass wir nicht an der Sonntagsmesse teilnehmen?) Sechs Mann aus unserer Gruppe sitzen am selben Tisch wie sie, die sechs anderen an den drei anderen Nachbartischen ebenfalls in der linken Hälfte des Raums.

Jean Lagneau, naturwissenschaftliches Staatsexamen der U.L.B., Sekundarschullehrer in Virton, Maler und Kunsthistoriker. Auch er kommunistischer Journalist. Erfreut traf er seinen Kollegen Luc Somerhausen wieder. Dass dieser Freimaurer war, war ihm bekannt. Er wurde aufgefordert, sich an Tisch 3 zu setzen.

Joseph Berman, ein junger Jude polnischen Ursprungs aus Brüssel, saß neben Franz Rochat, der ihn alsbald ins Herz schloss. Berman war intelligent und dynamisch, schloss rasch mit allen Freundschaft und hatte eine ganz besondere Stellung in der Baracke.

(1992, kurz vor seinem Tod, verfasst er einen Bericht über die Gefangenschaft und beschreibt seine Kameraden in packenden Bildern, so wie er sie kennengelernt hat, als sie bereits ein Jahr in Deutschland und davon sechs Monate in Esterwegen waren.) *„Durch Jean Lagneau und Joseph Berman haben wir sofort gute Beziehungen zu den Freimaurern, die aus ihrer Zugehörigkeit keinen Hehl machen. Sehr schnell lernen wir sie zu schätzen."*

Am 22. November 1943 kam ein siebter Freimaurer in Baracke 6 an, **Amédée Miclotte**, geb. 20.12.1902 in La Hamaide. Mitglied der Loge „Les Vrais Amis de l'Union et du Progrès Réunis". Doktor der Philosophie und Literatur. Er unterrichtete am Athénée d'Uccle. Ebenfalls Sektionsleiter bei den Nachrichten- und Aktionsdiensten wurde er als Spion von der Geheimen Feldpolizei am 29. Dezember 1942 verhaftet.

Mit der Ankunft dieses siebten Bruders war die Loge „Liberté Chérie" gerecht und vollkommen und konnte in der zweiten Novemberhälfte 1943 gegründet werden, wie Luc Somerhausen bei seiner Rückkehr bestätigte.

DOCTEUR J. DEGUELDRE
Ex-Interne
à l'Hôpital de Bavière à Liège
RUE NEUVE, 27, PEPINSTER
—
Téléphone 603.67 Verviers
—
Consultations : de 9 à 10 heures
et de 5 à 7 heures
Dimanche excepté

Semé sur le chemin de la déportation. Prière d'envoyer à mon épouse.

À ma chère femme.

Claire.

Nul rayon de soleil, de l'aube au crépuscule,
Ne daigne caresser ce malheureux séjour
Mais au fond de mon âme, en ma sombre cellule,
Une flamme jaillit, plus vive chaque jour,
Qui soulage mon cœur de toute inquiétude.
Elle sert de réconfort, ranime mes espoirs,
Dissipe mes tourments, berce ma solitude
Et fuit, de ma prison, bannit le désespoir.
C'est elle qui, le jour, ravit mon cœur heureux
D'enfants auprès de toi, débordant de tendresse,
Qui dispense, la nuit, ces rêves amoureux,
Où mon être en émoi se livre à tes caresses.
C'est mon amour pour toi, ô Mimi que j'adore,
Qui m'éclaire toujours, sans jamais se ternir,
Et qui me dit tout bas : "Allons, courage encore
Car le bonheur, vois-tu, va bientôt revenir."

Riki

Citadelle 8 octobre 1943.

Handschriftlicher Brief von Dr. Degueldre an seine Frau

Handschriftlicher Brief von Dr. Degueldre an seine Frau, verloren bei der Deportation:*

Dieser Brief ist für meine Frau. Bitte verschicken.
An meine geliebte Frau,

Klarheit,

Von Sonnenaufgang bis zum Abend
wagt sich kein Sonnenstrahl in diesen unseligen Ort.
Doch in dieser dunklen Zelle leuchtet, täglich heller,
eine Flamme in meiner tiefsten Seele,

die meinem Herzen jede Unruhe nimmt,
mir Trost und Hoffnung gibt,
meine Qualen verscheucht, mich in meiner Einsamkeit wiegt
und aus meinem Gefängnis die Verzweiflung verjagt.

Sie beglückt am Tage mein Herz,
trägt es zu Dir, von Zärtlichkeit übervoll,
bringt mir nachts Liebesträume,
in denen sich mein ganzes Sein Deinen Liebkosungen hingibt.

Meine Liebe zu Dir, o geliebte Mimi,
gibt mir stets Klarheit, verliert nie ihren Glanz,
und sagt mir leise: „Behalte den Mut,
denn sieh, das Glück kommt bald zurück."

Rik

Zitadelle, 8. Oktober 1943

---

* Anmerkung der Übersetzerin: Der Brief ist in Versform verfasst. Für die Übersetzung wurde die Prosaform gewählt.

Handschriftlicher Brief von Dr. Degueldre an seine Frau

Handschriftlicher Brief von Dr. Degueldre an seine Frau:

In der Zelle, 8. Oktober 1943
Zitadelle Lüttich

Liebe Mimi,

Grüße und Küsse für Dich, die Kinder und Bobonne,
meinen Vater und meine Schwestern – seid mutig.
Meine Stimmung und meine Gesundheit sind bestens.
Ich gehe mutig und zuversichtlich.
Viele Grüße an Onkel Charles,
Charles, Rosa, Léa, Evelyne.
Grüße die Freunde:
Marius, Stéphane, René, Victor und Malice, die Gute,
Jean-Marie, Léon, Walther u.s.w.
Ich hoffe, dass der Krieg bald
zu Ende ist und wir schnell wieder beisammen sind.
Tausend Küsse, tausend Liebkosungen
Dir, liebe Mimi, das Beste von mir
ist für Dich.
Vergib die ungeschickten Reime,
doch spüre ich [unleserlich]
um diese Verse in der Tiefe der Zitadelle zu schreiben.

Bis bald, geliebte Mimi!

Rik

Grüße auch Onkel Jacques

Ich habe einfach Glück gehabt – nichts weiter!

Bericht über die Gefangenschaft von Joseph Berman (Auszüge)

An meinem ersten Tag in der Baracke 6 wurde mir ein Platz neben einem sehr großen, zum Skelett abgemagerten Mann angewiesen. Er hieß Rochas. Er war Apotheker und unterrichtete an der ULB [Freie Universität Brüssel]. *Er hielt sich kaum auf den Beinen und sprach sehr langsam und mit großer Mühe.*

Er konnte seine Essensration nicht mehr holen, und so begann ich ihm natürlich zu helfen. Das tat ich, wo ich konnte. Er war so schwach, dass er sich auf mich stützte, wenn er sich bewegen wollte. Er war hochintelligent, und ich war ihm sympathisch. Er war schon lange in Gefangenschaft. Diese lange Zeit und die Unterernährung hatten seine Kräfte gänzlich erschöpft.

Er war nur noch Haut und Knochen.

Eines Tages waren wir in der Dusche. Ich hielt Rochas fest, weil er sich nicht mehr allein aufrecht halten konnte. Er bewunderte meinen Körper. Ich war gerade erst angekommen. Ich hatte noch Fleisch auf den Knochen, war muskulös und sogar ein bisschen dicklich.

Er war ein lebendes Skelett, die Haut hing an ihm herunter wie ein Tuch. Eine elektrische Birne gab die Beleuchtung ab. Ich sah sein Skelett wie auf einer Röntgenaufnahme.

Er sagte: „Du hast Glück, dass du so klein bist." Er erklärte mir, dass der Kalorienbedarf von der Hautoberfläche abhängt. Er erklärte: „Je größer und dicker man ist, umso mehr Kalorien verbraucht der Organismus. Der Gewichtsverlust ist eine Schutzmaßnahme des Körpers, er verringert die Oberflä-

che und damit den Kalorienbedarf. Unsere Essensration ist unzureichend, der Organismus verbraucht seine Reserven, um zu überleben. Jeder bekommt dieselbe Ration. Die Kleinen haben die größeren Überlebenschancen."

Er sprach wie von einem unausweichlichen Schicksal. Er beneidete mich um meine Kleinwüchsigkeit. Er wusste, dass es für ihn zu spät war. Seine Kräfte nahmen täglich ab.

Er wusste, dass es zu Ende ging. Er träumte von einer Tube süßer Kondensmilch. Der höchste Genuss in seiner Vorstellung.

Er gab uns Ratschläge für die Zeit nach der deutschen Niederlage. Er riet uns, immer nur wenig auf einmal und nur leicht verdauliche Nahrungsmittel zu essen, um den Organismus nach und nach an eine normale Ernährung zu gewöhnen, weil wir sonst schwere Verdauungsschwierigkeiten oder gar den Tod riskierten.

Er riet uns auch, keine Kinder zu zeugen, bis unser Körper ganz wiederhergestellt wäre.

Er ist nicht heimgekehrt ... In seinem Zustand Ende 1943 – Anfang 1944 war es unmöglich, bis zur Befreiung durchzuhalten. Aber wie sehr hätte ich mir gewünscht, dass er überlebt, dass er die Seinen wiedersieht und sich seinen heißen Wunsch erfüllt: eine Tube süßer Kondensmilch.

Woran ich mich erinnere, sind die glücklichen Momente, denn auch die gab es in dieser Hölle, und die vielen bewunderungswürdigen Männer, die ich getroffen habe.

Mein Geist ist so gemacht, dass die Schrecken, die Leiden, der immerwährende Hunger, der uns wie besessen machte und manch einem den Verstand raubte, die durchdringende Kälte, die Lumpen, in die wir gekleidet waren, die Flöhe, die uns unablässig bissen und die wir nicht loswerden konnten, die Ratten in der Baracke, die von einigen glücklichen Gefangenen mit Genuss verspeist wurden, dass nichts von alldem vergessen ist, aber in meiner Erinnerung in den Hintergrund tritt. Als wollte mein Geist die schrecklichen Ereignisse in den Schatten drängen, und die Momente der Kameradschaft, der Mitmenschlichkeit und Wärme, die wir miteinander erlebten und die uns zu überleben halfen, in helles Licht tauchen.

Guy Hannecart war ein Intellektueller, Anwalt oder Richter, wenn ich mich recht erinnere. Er schrieb ständig auf das Toilettenpapier, das wir bekamen. Es wurden Tagebücher, die in geheimen Taschen in den Lumpen, die unsere Kleidung darstellten, versteckt wurden.

Viele Barackeninsassen schrieben. Sie benutzten Bleistiftminen, die von geschickten Händen an Holz- oder Metallteilen befestigt wurden. Diese „Bleistifthalter" waren kostbare Utensilien mit Seltenheitswert für die vielen zum Teil talentierten Zeichner und Autoren.

Das Toilettenpapier wurde uns in dünnen Rollen zugeteilt, mal glattes, mal Krepppapier. Das glatte Papier eignete sich zum Schreiben und Zeichnen.

Die Zeichner und Schreiber waren ständig auf der Suche nach glattem Papier, das sie gegen Krepppapier eintauschten. So traf ich Guy Hannecart, für den ich bei jeder Toilettenpapierzuteilung ein paar glatte Blätter zum Schreiben beiseite legte.

Er schrieb Theaterstücke. Bei einer der abendlichen Veranstaltungen, die wir nach dem Appell organisierten, konnten wir uns von seinem Talent überzeugen. Nach diesen vielen Jahren kann ich mich an Einzelheiten nicht mehr erinnern, aber es war ein Hörspiel. Die gelöschten Lichter schufen eine gewisse Atmosphäre. In der Dunkelheit hörten wir schweigend ein Stück, dessen dramatische Intensität alle berührte. Ich erinnere mich zwar nicht mehr an den Inhalt des Stücks, wohl aber an die Stimmung und die Stille während des packenden Vortrags von Guy Hannecart. Es war, als wenn wir uns in einen Traum flüchteten. Wir standen alle unter dem Zauber. Guy Hannecart war damals noch einer der kräftigs-

ten in der Gruppe der Freimaurer, die alle schon zwei Jahre Gefangenschaft durchgemacht hatten. Er trug einen wunderbaren langen breiten Bart, blond bis hellbraun, so wie Leopold II. Er besaß eine Aura, eine geistige Ausstrahlung, eine Würde, die uns alle beeindruckte.

Es klingt vielleicht nebensächlich oder kindisch, seinen Bart zu erwähnen, er war aber Teil seiner Person und gab ihm dieses einmalige besondere Aussehen. Sein würdiges Auftreten verlangte Respekt. Dr. Joseph Degueldre aus Verviers nannte ihn den „Kaiser mit dem Flachsbart".

Dann kam die Inspektion der Offiziere in Spezialuniform, vor denen sich unsere Wächter ganz klein machten: die SS. Wir standen in Reih und Glied für den Appell, sie gingen an uns vorbei und schauten uns an. Offenbar fanden sie, dass wir noch zu sehr wie Männer aussahen. Sie befahlen unseren Wächtern, uns die Haare, Bärte und Schnurrbärte abzurasieren.

Für Guy Hannecart war das eine Tragödie. Sein Bart war Teil seiner Persönlichkeit seit seiner Jugend, der Bart machte seinen Stil aus. Er verbarg, wie mager er war. Nachdem er rasiert war, erschien ein hohlwangiges Gesicht über einem mageren faltigen Hals. Er war nicht mehr der „Kaiser mit dem Flachsbart", was blieb, war ein elender Gefangener, in Lumpen, anonym. Mir schien, dass seine Vitalität und seine Energie im Bart gewesen waren. Ohne ihn verlor er sein respektheischendes Auftreten, seinen Mut und seinen Lebenswillen.

Guy Hannecart ist gestorben, nicht an körperlichen Misshandlungen und Folter. Er ist eines langsamen Todes gestorben, erschöpft vom Hunger in einer zu langen Gefangenschaft. Ich bin immer noch der Meinung, dass es der Verlust seines Bartes war, der ihm den Rest gegeben hat. Der Befehl eines arroganten dummen Beamten, der seine rassische Überlegenheit beweisen wollte, indem er die Häftlinge zu einer Herde anonymer Untermenschen degradierte.

Dr. Degueldre aus Pépinster war damals 40 Jahre alt. Er war mit einer ganzen Gruppe verhaftet worden, unter anderen Henri Merland und Baron Albert del Marmol. Er war ein liebenswerter Mensch. Seit Esterwegen bis zur Befreiung sind wir zusammen geblieben. Er hatte ein eisernes Durchhaltevermögen und trotz der Umstände viel Humor. Er passte auf uns Junge auf wie ein Vater. Wir haben uns oft amüsiert. Das kann paradox erscheinen in einem KZ und später im Gefängnis, aber wir haben tatsächlich viel gelacht.

Er nannte mich den kleinen „Djosef" in seinem Dialekt aus Verviers. Er hatte Studentenlieder in seinem Repertoire, die er bei unseren Abendveranstaltungen zum besten gab, und wir stimmten in die Refrains ein – zum Entsetzen einiger schockierter Priester. Man kann sagen, dass er zur Aufrechterhaltung der Stimmung in unserer Baracke viel beigetragen hat. Er hat wohl die Liebe, die er seiner Familie nicht mehr geben konnte, auf uns übertragen. Als er aus der Gefangenschaft zurückkehrte, hatte er Tuberkulose. Er wurde in der Schweiz in einem Sanatorium in Davos gesund gepflegt, nahm danach seinen Beruf wieder auf und lebte noch lange Jahre mit seiner Frau und seinen Kindern. Ich denke an ihn mit großer Bewegung, nicht wie an einen Vater, sondern wie an einen älteren Bruder. Es war wirklich ein großes Glück, zwei Jahre in seiner Gesellschaft zu verbringen.

Ich habe einfach Glück gehabt – nichts weiter!

Gründung der Loge „Liberté Chérie“

Luc Somerhausen traf Vorbereitungen, um den Bruderkreis zu einer Loge zu machen. Die Gründungsmodalitäten wurden von ihm in mehreren Zusammenkünften im Einzelnen dargelegt. Als zum Grand Orient Abgeordneter und Mitglied der Großkommission, in der er die Funktion des Beisitzenden Großsekretärs ausgeübt hatte, war er mit den Verfahren und Gründungsregeln für neue Logen vertraut.

Die Gründer verfassten die Statuten in sehr geraffter Form. Sie wandten sich an den Zeichner der Zeitung „Le Soir“, Fernand Van Horen, genannt „Horn“, der am 10. Oktober 1943 in Esterwegen angekommen war, und baten ihn um eine Zeichnung, die den Kampf um die Freiheit in der Gefangenschaft symbolisch verherrlichen sollte.

Am 22. November 1943 kam ein siebter Freimaurer in der Baracke 6 an. Es war Amédée Miclotte, geboren am 20.12. 1902 in La Hamaide, Mitglied der Loge „Les Vrais Amis de l'Union et du Progrès Réunis“. Doktor der Philosophie und Literatur und Lehrer am Athénée in Forest. Am 29. Dezember 1942 wurde er von der Geheimen Feldpolizei wegen Spionage verhaftet.

Mit dem siebten Freimaurer wurde die Loge gerecht und vollkommen. So konnte sie in der zweiten Hälfte des Novembers 1943 gegründet werden. Dies hat Luc Somerhausen nach seiner Rückkehr bestätigt. Die Gründer gaben der neuen Loge den Namen „Liberté Chérie“. Vielleicht hatte die Idee ihren Ursprung in der letzten Strophe des Moorlieds, das sie mit ihren Mitgefangenen in folgender Fassung sangen:

Mais un jour dans notre vie	*Doch ein Tag in unserm Leben*
Le printemps refleurira,	*wird es wieder Frühling sein,*
Liberté, Liberté Chérie	*Freiheit, heiss geliebte Freiheit,*
Je dirai: tu es à moi.	*ruf ich: Du bist wieder mein.*

Bruder Luc Somerhausen teilte uns mit, dass Bruder Hanson zum Großmeister der Loge „Liberté Chérie" ernannt wurde, und die Brüder Somerhausen und De Schrjijver zum Ersten und Zweiten Aufseher. Bruder Rochat wurde Schriftführer und Bruder Miclotte Redner.

Bruder Somerhausen unterrichtete uns ferner davon, dass er vor seiner Verlegung aus Esterwegen am 22. Februar 1944 aktiv an einer einfachen und geheimen Zeremonie teilgenommen hatte, bei der der Profane Fernand Erauw, dem eine Aufnahme von den Gründern vorgeschlagen worden war und der in voller Kenntnis der Dinge zugestimmt hatte, eingeweiht wurde. Die Zeremonie fand im Essraum an einem der Tische statt. Das Ritual war stark vereinfacht, doch wurde dem neuen Lehrling jeder Teil erklärt. Anschließend nahm er an den Logenarbeiten teil.

Am 7. Februar 1944 kam ein achter Freimaurer in der Baracke 6 an: Bruder Jean-Baptiste De Schrijver, geb. am 23. August 1893 in Aalst, Mitglied der Loge „La Liberté" in Gent und Oberst im Generalstab. Er war Aktiver in der Légion Belge unter dem Kommando von Oberst Jules Bastin, der sieben Berufsoffiziere angehörten. Am 2. September 1943 wurde er von der Geheimen Feldpolizei wegen Spionage und Waffenbesitz verhaftet. Nach der Festsetzung im Gefängnis von Löwen am 2. September 1943, in Breendonk am 20. September 1943, in St. Gilles vom 3. bis 5. Februar 1944, kam er am 7. Februar 1944 in Esterwegen an.

Stele zur Erinnerung an die Mitglieder der Loge Liberté Chérie vor der Loge Hiram in Lüttich. Eine Kopie befindet sich im Musée Belge de la Franc-Maçonnerie.

Die Mitglieder der Freimaurerloge Liberté Chérie

Gründungsmitglieder

	geb. Ort	Datum	Beruf	Heimatloge
Franz Rochat	Saint-Gilles	10.03.1908	Apotheker	"Les Amis Philanthropes", Brüs
Jean Sugg	Gent	08.09.1887	Handelsvertreter	"Les Amis Philanthropes", Brüs
Guy Hannecart	Brüssel	20.11.1903	Anwalt	"Les Amis Philanthropes n°3", Brüssel
Paul Hanson	Lüttich	25.07.1889	Richter	"Hiram", Lüttich
Luc Somerhausen	Hoeilaert	17.08.1903	Journalist	"Action et Solidarité", Brüssel
Joseph Degueldre	Grand-Rechain	06.10.1904	Arzt	"Le Travail", Verviers
Amédée Miclotte	La Hamaide	20.12.1902	Lehrer	"Les Vrais Amis de l'Union et d Progrès Réunis", Brüssel

Spätere Mitglieder

J.-B. De Schrijver	Aalst	23.08.1903	Oberst	"La Liberté", Gent
Henri Story	Gent	27.11.1897	Schöffe - Bankdirektor	"Le Septentrion", Gent

Eingeweihtes Mitglied

Fernand Erauw	Wemmel	29.01.1914	Direktor-Prüfer am Rechnungshof	

t in der Loge L∴Ch∴	in Esterwegen	gest. Ort	Datum
iftführer	21.05.1943 - 15.04.1944	Untermansfeld	06.01.1945
	21.05.1943 - 31.05.1944	Kaschitz	06.05.1945
	29.05.1943 - 31.05.1943	Bergen-Belsen	25.02.1945
smeister	29.05.1943 - 24.03.1943	Essen	26.03.1944
r Aufseher	12.10.1943 - 22.02.1944	Brussel	05.04.1982
	15.10.1943 - 12.02.1944 und 13.03.1944 - 14.04.1944	Pépinster	19.04.1981
her	22.11.1943 - 03.04.1944	Gross-Rosen	08.02.1945
iter Auseher	07.02.1944 - 15.03.1944	Gross-Rosen	09.02.1945
	18.03.1944 - 31.05.1944	Gross-Rosen	05.12.1944
	Seit 28.05.1943 bis 17.04.1944	Ottenburg	08.04.1997

Weihnachten in Esterwegen

von Fernand van Horen (Zeichner Horn)

Im Halbdunkel der Baracken bewegen sich menschliche Formen, eine wie die andere, im Licht einer armseligen Lampe leuchten die rasierten Köpfe auf. Es ist Weihnachten 1943. Die Stimmung ist fröhlich. Die braven Deutschen wollen den Häftlingen ihre Großherzigkeit beweisen: Das Licht geht erst um 1 Uhr morgens aus, damit alle das Weihnachtsfest würdig begehen können.

Eine Stunde nach dem Appell hat sich die Baracke wie durch Zauberhand in einen Festsaal verwandelt. Das ist nicht zu viel gesagt. Die schmutzigen Wände, die wackligen Tische, die dunklen Spinde sind unter bunten Blumengirlanden, kleinen Tischdecken und Vorhängen verschwunden.

Alle haben mitgemacht: der Richter, der Schreiner, der Kolonel, der Lkw-Fahrer, der Geistliche und der Transportarbeiter. All diese Männer, aus unterschiedlichen Bevölkerungsschichten, hier aber alle gleich, gleich abgemagert, gleich kahl rasiert, gleich zerlumpt und zerstochen, geben sich so sehr der Illusion hin, dass sie vergessen, dass dieser Schmuck aus Papier von alten Kondensatoren gebastelt wurde, die in einer Ecke des Lagers herumliegen. Diese Blumen sind echt, sie kommen aus ihrer Heimat von jenseits des Rheins.

Als Dekoration auf einem der Tische steht ein lustiger kleiner Weihnachtsmann mit Kapuze und einer roten Nase unter Wuschelhaaren aus Hanf.

Die Stimmung steigt. Wir singen Weihnachtslieder und Freiheits- und Siegeslieder.

Auf einem Sockel steht der kleine Weihnachtsmann und nimmt an dem Fest teil. Das Lied der Moorsoldaten wird lauthals geschmettert: „... mais notre jour approche. On les aura, les boches!“ (... Unser Tag wird kommen. Dann kriegen wir sie, die Sch...deutschen). Das Männchen wackelt unter den Faustschlägen auf den Tisch, es nickt zustimmend mit dem Kopf, es hebt den Daumen der rechten Hand, und in der linken hält es einen Zettel: „Es ist aus mit ihnen!"

Die Mägen sind leer, doch niemand achtet darauf. Applaus: Der Barackenvorsteher, der einen Wecker besitzt, hat Mitternacht angesagt. Jetzt ist Weihnachten, das letzte Weihnachten in Gefangenschaft.

Esterwegen – verloren in dieser trostlosen Moor- und Torflandschaft, nur von krächzenden Krähen überflogen, Esterwegen, das man nur verlässt, um den Kopf unter die Guillotine zu legen oder in einem SS-Vernichtungslager zu krepieren, Esterwegen ist ein paar Stunden lang vom Geist der Hoffnung erfüllt.

Auf dieses Weihnachtsfest folgen leider noch zwei weitere, jedes sollte das letzte sein.

Am nächsten Tag konnten die Wachen ihre Bewunderung für das Geschick der Belgier nicht verbergen. Ein Vergleich mit den Baracken der deutschen politischen Gefangenen auf der anderen Seite des Stacheldrahts fiel tatsächlich nicht zum Vorteil der Herrenrasse aus.

Sie empfanden aber auch Verachtung. Unser kleiner Weihnachtsmann, den sie bei einer Durchsuchung der Baracke in einer Schachtel fanden, wurde ohne langes Überlegen Opfer der Flammen eines Torffeuers.

Kurz darauf wurde das Lager Esterwegen evakuiert. Die Gefangenen wurden auf die verschiedensten Lager verteilt, wo jeder Tag ein Kampf ums Überleben war und nur ein Wunder die Rettung bringen konnte.

Diejenigen, die das Glück haben, heute von ihren Eindrücken berichten zu können, erinnern sich an diese Nacht in Esterwegen, diese Nacht der Hoffnung, die für sie sicher eines der bewegendsten Weihnachten bleiben wird.

Dies ist kein Märchen - Weihnachten und Neujahr 1943 in Esterwegen

Fernand Van Horen (Horn) berichtet anschaulich über den Heiligabend 1943 in Esterwegen. Er endet folgendermaßen: *„Diejenigen, die das Glück haben, heute von ihren Eindrücken berichten zu können, erinnern sich an diese Nacht in Esterwegen, diese Nacht der Hoffnung, die für sie sicher eines der bewegendsten Weihnachten bleiben wird.*" Ich gehöre zu diesen Glücklichen, 68 Jahre danach. Allerdings erinnere ich mich an furchtbare Momente der NN-Gefangenschaft, die noch weitere 17 Monate dauern sollte.

Ich litt noch an den Nachwirkungen der Schläge, die mir bei der Vernehmung durch die Gestapo (Avenue Louise 347) verpasst worden waren, und in der zweiten Dezemberhälfte 1943 bekam ich Ohrenschmerzen.

Dr. Degueldre, ein Kamerad der Baracke 6, stellte eine Mittelohrentzündung fest. Wir hatten aber keine Medikamente für die Behandlung und die Schmerzlinderung. Die Entzündung wurde in den Folgetagen immer schlimmer; es entwickelte sich ein übergrosses Abszess. Der Arzt fürchtete eine Hirnhautentzündung, die, unbehandelt, rasch zum Tode führen konnte. Ich musste ins Revier Nord gebracht werden, wo sich chirurgische Instrumente befanden, damit das Abszess geöffnet werden konnte.

Da es bis Weihnachten nur noch zwei Tage waren, wurde ich erst am 27. Dezember ins Revier gebracht. Ausnahmsweise durfte ich tagsüber im Bett bleiben, das war sonst streng verboten.

Vor Schmerzen konnte ich nichts mehr zu mir nehmen. Ab dem 23. Dezember lag ich auf meinem Strohsack mitten im Schlafsaal, von den Betten rundherum mehr oder weniger verborgen.

Am nächsten und übernächsten Tag feierten wir Weihnachten in der Baracke 6, wie es Horn so trefflich schildert. Ich forderte meine Kameraden auf, sich meine kleinen Nahrungsmittelrationen zu teilen, weil ich nichts mehr essen konnte.

Fast bewusstlos blieb ich bis zum 27. Dezember im Schlafsaal. Dann wurde ich ins Krankenrevier Nord verlegt. Dort übernahm mich Dr. Cappeliez, der der selben Meinung war wie Dr. Degueldre und den Abszess zu öffnen beschloss. Doch brauchte er dazu die Erlaubnis des „Verrückten", des aufsichtshabenden Hilfskrankenpflegers, der bestimmte, was in der Baracke vorging, und die chirurgischen Instrumente unter Verschluss hielt.

Als Dr. Cappeliez ihm die Lage erklärte und den Eingriff vorschlug, antwortete er verächtlich: „Soll er doch krepieren."

Sie legten mich also in das erste Bett gleich neben der Eingangstür – wohl, um mich einfacher wegschaffen zu können, wenn es so weit wäre.

In der zur Krankenstation umfunktionierten Baracke 9 standen die Betten in zwei Doppelreihen zu beiden Seiten des Mittelgangs. In dem Nachbarbett am Kopfende meines Bettes lag ein sehr alter, völlig seniler französischer Widerstandskämpfer. Im Nebenbett, nur 50 cm entfernt, lebte ein Widerstandskämpfer aus den Ardennen seine letzten Stunden.

Für mich ging dieses Jahr in einem Crescendo von Schmerzen zu Ende. Die Nacht des 31. Dezember war fürchterlich. Mein Nachbar lag in den letzten Zügen. Eingeklemmt zwischen unseren Betten auf einem Schemel sitzend betete Abbé Froidure an seiner Seite. Einige Stunden nach der Ausgangssperre wurde es langsam still ...

Und plötzlich wurde in der tiefen Dunkelheit laut die Marseillaise angestimmt. Mein Bettnachbar, der alte französische Widerstandskämpfer, hatte neben seinem Bett, zwei Meter von mir entfernt, Haltung angenommen. Wenn der Revieraufseher (der „Verrückte"), wach würde, würde er ihn umbringen ... Einige Kameraden brachten den Armen eilig zurück ins Bett.

Stöhnen und Geräusche von Kranken, die von Albträumen heimgesucht wurden, störten die Stille, die nach und nach wieder einkehrte ...

Eine Stunde später: erneuter Aufruhr. Der alte Bauer war wieder auf; diesmal sang er nicht, sondern stürzte sich auf seinen Nachbarn, um ihn zu erwürgen. Wieder wurde er beruhigt. Die Kranken versuchten, trotz der Schmerzen wieder einzuschlafen. Abbé Froidure saß immer noch auf seinem Hocker zwischen den Betten und betete an der Seite des Sterbenden.

Mühsam ging die Nacht zu Ende. Bei Tagesanbruch weckte mich ein stechender Schmerz, der ganz plötzlich aufhörte. Das Abszess hatte sich von selbst geöffnet, mein Ohr war voll Blut und Eiter. Ich verspürte Erleichterung. Mein Leben war wenigstens vorläufig gerettet.

Ich bemerkte, dass Abbé Froidure und mein Nachbar neben mir nicht mehr da waren.

Ich stand auf, um mein Gesicht am Waschbecken zu reinigen. Ich musste über die Leiche steigen, die unbekleidet am Boden lag, ein Zettel an einem Zeh mit einer vierstelligen Nummer ...

Heute ist der 1. Januar 1944, Neujahr – und mein 20. Geburtstag.

Das war gestern – vor 68 Jahren.

Franz Bridoux (2002)

Die Auflösung des Lagers

Schon ab dem 12. Februar 1944 wurden mehrere Hundert NN, auch einige Dutzend Insassen aus der Baracke 6, von Esterwegen in das Lager Börgermoor verlegt.

Ich gehörte zu einer dieser Gruppen, zusammen mit den anderen Leitern des R.N.J. sowie René Deprez und Dr. Joseph Degueldre. Wir blieben einen Monat in Börgermoor und kehrten in die Baracke 6 des Lagers Esterwegen am 13. März 1944 zurück.

Während immer noch neue Nacht-und-Nebelgefangene in Esterwegen ankamen, wurden immer größere Gruppen in andere Straflager mehr im Inneren Deutschlands verlegt.

Am 22. Februar 1944 verließ Luc Somerhausen Esterwegen. Die Loge Liberté Chérie in der Baracke 6 hatte nur noch sieben Mitglieder. Dazu gehörte Fernand Erauw, der neue Lehrling.

Am 15. März 1944 wurde auch Jean-Baptiste De Schrijver abtransportiert. Doch wurde sein Platz drei Tage später wieder besetzt. Am 18. März 1944 kam Bruder Henri Story in Esterwegen an. Er wurde am 27. November 1897 in Gent geboren und gehörte der Loge „Le Septentrion“ in Gent an. Er war dort Stuhlmeister. Er war Schöffe der Stadt Gent, Bankdirektor, Kapitän des Geheimdienstes, Widerstandskämpfer in der Untergrundpresse, Mitglied des „Service Socrate“, des „Service Zéro“, des „Service Luc“ und Mittelsmann zwischen dem Front de l'Indépendance und England. Am 20. Oktober 1943 wurde er verhaftet.

Am 24. März 1944 kamen die letzten NN-Gefangenen aus Belgien in Esterwegen an. Paul Hanson wurde verlegt. Am 15. April 1944 verließ Amédée Miclotte die Baracke. An diesem Tag wurden 200 Gefangene von Esterwegen nach Buchenwald transportiert, wurden aber dann auf zwei Kommandos verteilt. Eins wurde über Untermansfeld geleitet. Dazu gehörten Franz Rochat und drei Anführer des R.N.J. Im zweiten Kommando waren wir vier jungen R.N.J.-Mitglieder. Wir erreichten Ichtershausen zur selben Zeit wie Dr. Joseph Degueldre und René Deprez.

Fernand Erauw verließ uns am 17. April.

Am 31. Mai 1944, also ein knappes Jahr nach der Aufnahme von NN-Inhaftierten, ließen die letzten Insassen das KZ Esterwegen hinter sich. Darunter die Brüder Jean Sugg, Guy Hannecart und Henri Story.

Ein unerbittliches Ende

Im Frühjahr 1944, als unsere Gruppe aufgelöst wurde, hatten die Brüder keine Kraft mehr. Ihre Wege trennten sich, doch führten sie alle zum gleichen Ende.

Am 26. März 1944 kommt Richter Paul Hanson bei der Bombardierung von Essen ums Leben. Er ist mit nur 55 Jahren der Älteste der Loge. Am 5. Dezember 1944 stirbt Henri Story mit 47 Jahren in Groß-Rosen. Am 6. Januar 1945 stirbt Franz Rochat mit 37 Jahren in Untermansfeld. Am 8. Februar 1945 stirbt Amédée Miclotte mit 42 Jahren in Groß-Rosen. Am 9. Februar 1945 stirbt Jean-Baptiste De Schrijver mit 51 Jahren in Groß-Rosen. Am 25. Februar 1945 stirbt Guy Hannecart mit 41 Jahren in Bergen-Belsen. Am 6. Mai 1945 stirbt Jean Sugg mit 48 Jahren in Buchenwald kurz nach der Befreiung des KZ durch die Alliierten.

Zwei Tage später, am 8. Mai 1945, kapituliert Deutschland.

Henri Story

Gestorben in Groß-Rosen am 5. Dezember 1944. Er wurde am 22. Oktober 1943 verhaftet und wegen Spionage angeklagt. In Wirklichkeit hatte er nur im Nachrichtendienst einen höheren Posten. Hervorragendes leistete er auch in der niederländischen und in der französischsprachigen Untergrundpresse. Die Widerstandskämpfer vor allem in Flandern, die er befehligte, bewahren ihm ein ehrendes Andenken.

Guy Hannecart

Gestorben in Bergen-Belsen am 23. Februar 1945 nach der Todesspritze. Er war Anwalt, Dichter, Romancier und Dramaturg, er hinterlässt 15 Theaterstücke, ein größeres Gedicht in Prosa und 4 Romane, insbesondere auch sein Tagebuch, das er im Gefängnis von St. Gilles abschloss, wo er vom 27. April 1942 bis 15. Januar 1943 inhaftiert war. Die Anklage lautete auf einflussreiche Mitarbeit in der Untergrundpresse. Aus der Deportationszeit in Deutschland ist uns „Le Remorqueur", ein eindringliches Meisterwerk, geblieben. Es ist ein Appell an die, deren Liebe unsere Liebe rechtfertigt, an alle Mitmenschen, die wir noch nicht genug geliebt haben, an alle mit dem Tode lebenden, vereint auf uns Wartenden, offen, treu, die Unsrigen ...

Die Überlebenden

Fernand Erauw und Luc Somerhausen fanden sich nach unglaublichen Strapazen in Sachsenhausen wieder.

Ende April/Anfang Mai wurden die noch Lebenden auf einem Todesmarsch in die Wälder von Crivitz geführt. Dort überließ sie die SS in der Nacht vom 3. auf 4. Mai sich selbst. Am Morgen des 4. Mai wurden sie von sowjetischen Soldaten aufgegriffen. Sie ließen diese hinter sich, um die alliierten Frontlinien zu erreichen. Am 20. Mai übernahm sie eine Abordnung des Roten Kreuzes, und sie wurden am 21. Mai 1945 nach Brüssel rückgeführt. Beide waren gesundheitlich in sehr schlechtem Zustand.

Fernand Erauw, 1,84 m groß, wog gerade noch 32 kg.

Ein ärztlicher Bericht über Luc Somerhausen lautete auf „nervöse Störungen, Abmagerung, Herzrhythmusstörungen, Rippenfellentzündung, Skorbut, beidseitiger Trommelfelldurchbruch, schlechtes Sehvermögen, schlechte Gedächtnisleistung“. Er lag einige Monate im Krankenhaus ohne Heilerfolg. Darauf folgte ein langer Kuraufenthalt in Chamonix.

Luc Somerhausen starb am 5. April 1982 im Alter von 79 Jahren. Fernand Erauw starb 84-jährig im Jahre 1998.

Joseph Degueldre wurde nach der Inhaftierung in Esterwegen in das Gefängnis Ichtershausen überführt. Am 7. April 1945 wurde er auf einen Todesmarsch geschickt und floh am 11. April 1945. Er wurde von amerikanischen Truppen am 15. April 1945 befreit und am 7. Mai 1945 im Flugzeug repatriiert. Degueldre starb mit 78 Jahren am 19. April 1981.

Erinnerung und Brüderlichkeit – eine Pflicht

Schon am 26. August 1945 richtete Luc Somerhausen ein Schreiben an den Großmeister des Grand Orient de Belgique und unterrichtete ihn von dem „Bruderkreis", der sich im November 1943 im Konzentrationslager Esterwegen unter dem Namen „Liberté Chérie" gebildet hatte. Er schlug vor, diesen Bruderkreis mit seinem Gründungsdatum in die offiziellen Bücher des Grand Orient aufzunehmen.

In diesem ersten Brief schrieb Luc Somerhausen:

„Ich hoffe, die Mitgliederliste in etwa vollständig zusammenstellen zu können. Hier folgen die Namen derer, an die ich mich zur Zeit erinnern kann: Hanson, Jean Sugg, F. Rochat, H. Declercq, Van Biesbrouck, Hannecart, Van Dubelen, Amédée Miclotte, Notaire De Hemme, Louis Camu, Jean Allard."

Elf Namen, mit ihm selbst also zwölf Mitglieder.

In einem zweiten Brief vom 18. September 1945 schrieb er:

„Ich würde ein baldiges Treffen mit Ihnen begrüßen, um die Frage der Loge ‚Liberté Chérie' zu klären. Dem Vernehmen nach ist sie in Dachau zu neuem Leben erwacht, nachdem ihre Gründer das Konzentrationslager Esterwegen verlassen haben."

(Anmerkung: Später hat sich herausgestellt, dass die Brüder der Baracke 6 Esterwegen getrennt mit unterschiedlichen Bestimmungen verlassen haben.)

Es folgt ein drittes Schreiben vom 8. Oktober 1945:

„Unter dem Vorsitz des verstorbenen Bruders Hanson beschloss die ohne offizielle Eintragung funktionierende Loge die Aufnahme des Profanen Fernand Erauw, Beamter am Rechnungshof, Avenue Woeste 172, Jette, vorbehaltlich einer späteren ordnungsgemäßen Einweihung. Fernand Erauw nahm regelmäßig an unseren Arbeiten teil und hielt auch einen Vortrag, nachdem ich Esterwegen verlassen hatte."

Hier nannte Luc Somerhausen einen dreizehnten Namen.

In einem Schreiben vom 9. Dezember 1945 sprach Luc Somerhausen dem Großmeister des Grand Orient de Belgique seinen Dank aus:

„... mein Ziel, dass die Gründung der Loge ‚Liberté Chérie' vom Grand Orient anerkannt wird, ist erreicht. ... Die Existenz einer Loge und ihre Ordnungsmäßigkeit sind zweierlei. Mir lag daran, dass der Grand Orient die Loge ‚Liberté Chérie' in Übereinstimmung mit unserer Satzung anerkennt, und dass, wie im Fall der Loge ‚Albert Ier' 1914-18, aktenkundig gemacht wird, dass sie unter den Statuten und gemäß den Richtlinien des Grand Orient de Belgique in Esterwegen gearbeitet hat."

Damit kann „Liberté Chérie" ab dem Zeitpunkt ihrer Gründung, die um den 15. November 1943 angesetzt werden kann, zu den dem Grand Orient angehörenden Logen gerechnet werden.

In diesem Brief vom 9. Dezember 1945 fiel der Name Jean Tytgat, dessen Einweihung wie im Fall von Fernand Erauw anerkannt werden kann (auch er wurde in Esterwegen aufgenommen). Damit waren vierzehn Namen bekannt.

Nach Luc Somerhausen könnten weitere Namen in die Liste aufgenommen worden sein, doch äußerste er sich nicht genauer:

„Ich bin sehr daran interessiert, die Namen der Brüder zu erfahren, die der Loge ‚Liberté Chérie' angehört haben, nachdem ich das Lager im Februar 1944 verlassen habe."

Überlegungen zu den Briefen von Luc Somerhausen

Luc Somerhausen führte die Namen an, an die er sich zu diesem Zeitpunkt erinnerte. Bekanntlich funktioniert das Gedächtnis bruchstückhaft und selektiv. Zudem ist in dem ärztlichen Gutachten von Gedächtnisschwäche die Rede. Luc Somerhausen ist erst am 21. Mai 1945 heimgekehrt. Von seiner zweijährigen Gefangenschaft unter schrecklichen Umständen bleiben erhebliche Folgeschäden. Der bei seiner Rückkehr erstellte medizinische Bericht lässt daran keinen Zweifel. Sein Krankenhausaufenthalt dauerte bis 12. Oktober 1945. Trotz dieser Einschränkungen, aber im Bewusstsein der Tatsache, dass er das einzige aus Deutschland heimgekehrte Gründungsmitglied war, machte es sich Luc Somerhausen zur Aufgabe, die Anerkennung von „Liberté Chérie" zu erreichen. Er nannte vierzehn Männer, derer er sich erinnerte, und die er sicher im Lager kennengelernt hatte.

Waren sie deswegen aber alle Insassen der Baracke 6 in Esterwegen? Jean Tytgat war in der Baracke 5 untergebracht.

Er schloss seinen Brief mit folgendem Satz:

„Ich bin sehr daran interessiert, die Namen der Brüder zu erfahren, die der Loge ‚Liberté Chérie' angehört haben, nachdem ich das Lager im Februar 1944 verlassen habe." (22. Februar 1944)

Die Namensliste wird wohl noch Änderungen erfahren, wenn weitere Erinnerungen auftauchen und zusätzliche Informationen bekannt werden.

Am 17. September 1971 beantwortete Luc Somerhausen ein Schreiben des Bruders J. L., Sekretär des Grand Orient de Belgique:

„Was die Loge ‚Liberté Chérie' angeht, so habe ich nach meiner Heimkehr aus der Gefangenschaft 1945 dem Grand

Orient einen ausführlichen Bericht mit Namen und verschiedenen Einzelheiten übermittelt. Ich habe eine Empfangsbestätigung erhalten, und es wurde mir mitgeteilt, dass diese Loge durch Beschluss des Grand Orient als gerechte und vollkommene Loge anerkannt, und in die Kategorie ‚Militärlogen' aufgenommen ist.

Ich war Erster Aufseher, da ich wünschte, dass das Amt des Meisters vom Stuhl von unserem verstorbenen Bruder Hanson, Friedensrichter, ausgeübt wurde. An alle erinnere ich mich nicht mehr, aber wir waren genau sieben Brüder, und nach der Einweihung von Fernand Erauw acht.

... Unsere Versammlungen wurden durch die katholischen Geistlichen und ihre Gemeinde gedeckt, während wir im Gegenzug ihre heimlichen Zusammenkünfte bewachten."

Anmerkung: Erstmalig wird hier „ein ausführlicher Bericht mit Namen und verschiedenen Einzelheiten" erwähnt.

Wurde dieser Bericht niemals aufgefunden?

Gleichfalls wurde bisher nie berichtet, dass „unsere Versammlungen von den katholischen Geistlichen und ihrer Gemeinde gedeckt wurden, während wir im Gegenzug ihre heimlichen Zusammenkünfte bewachten."

Dezember 1975 – „Feuillets d'information" du Grand Orient de Belgique

(Informationsblätter des Grand Orient de Belgique)

Luc Somerhausen berichtet von der „Saga" der Gründung der Loge „Liberté Chérie", so wie er sie in Erinnerung behalten hat.

Er nennt die Namen von sieben Brüdern, die die Loge gegründet haben: Paul Hanson, Franz Rochat, Jean Sugg, Amédée Miclotte, Luc Somerhausen, Jean De Schrijver und Henri Story.

Seitdem gelten nur diese Namen als die der Gründer von „Liberté Chérie". Dazu kommt Fernand Erauw als neuer Eingeweihter.

Von den zwölf in dem Schreiben vom 26. August 1945 genannten Personen befinden sich fünf auf dieser neuen Liste: Paul Hanson, Franz Rochat, Jean Sugg, Amédée Miclotte und Luc Somerhausen. Dazu kommen zwei neue: Jean-Baptiste De Schrijver und Henri Story; drei werden nicht mehr erwähnt: Allard Jean, Camu Léon-Louis und der Notar Dehem.

Zwei gehören nicht mehr zu den Gründern, weil sie nicht in der Baracke 6 untergebracht waren: Herman Declerq und Guy Hannecart. Dagegen erscheinen drei neue Namen in diesem Papier vom Dezember 1975: Tiquet Octave, Schmidt Louis und Volkerick Raymond, doch zählen sie nicht zu den Gründern, weil auch sie nicht in der Baracke 6 waren.

Anmerkung: Guy Hannecart und Paul Hanson sind gleichzeitig am 28. Mai 1943, Fernand Erauw am 29. Mai 1943 in Esterwegen angekommen. Als wir am 16. November 1943 in der Baracke 6 ankamen, saß Guy Hannecart am selben Tisch 3 wie Hanson, Rochat, Sugg und Somerhausen. Guy Hannecart ist erst am 31. Mai 1944 zusammen mit Jean Sugg und Henri Story nach Esterwegen verlegt worden.

Jean-Baptiste De Schrijver ist am 7. Februar 1944 in Esterwegen angekommen, also 14 Tage vor der Verlegung von Luc Somerhausen.

Henri Story ist am 18. März 1944, d.h. drei Tage vor dem Abtransport von J.-B. De Schrijver in Esterwegen angekommen. Guy Hannecart ist also tatsächlich einer der sieben Gründer von „Liberté Chérie". Henri Story dagegen ist der Loge erst nach der Abschiebung von Luc Somerhausen (2. Februar 1944) und J.-B. De Schrijver (15. März 1944) beigetreten.

Franz Rochat und Jean Sugg, die befreundet sind, kommen also am 28. bzw. 29. Mai 1943 in Esterwegen an; ihr Kamerad und Mitangeklagter Guy Hannecart stößt gleichzeitig mit Paul Hanson dazu. Sie sitzen am Tisch 3 in der Baracke 6 und bilden zu Viert einen Bruderkreis.

Am 12. Oktober 1943 kommt ein fünfter Bruder dazu, Luc Somerhausen. Im Oktober 1943 dann ein sechster, Joseph Degueldre, und schließlich am 22. November 1943 ein siebter, Amédée Miclotte. Mit der Anwesenheit dieses siebten Bruders kann die Loge „Liberté Chérie" ins Leben gerufen werden. Am 7. Februar 1944 kommt Jean-Baptiste De Schrijver an. Am 12. Februar 1944 wird Dr. Degueldre nach Börgermoor verlegt. Kurz bevor Luc Somerhausen verlegt wird, wird Fernand Erauw aufgenommen.

Am 22. Februar 1944 verlässt Luc Somerhausen Esterwegen (7 Brüder), am 15. März 1944 dann J.-B. De Schrijver, während Henri Story am 18. März 1944 eingetroffen ist (7 Brüder).

Am 24. oder 25. März 1944 wird Paul Hanson nach Essen abtransportiert, wo er am 26. März 1944 bei einem Bombenangriff umkommt.

Am 3. April, am 15. April und am 17. April 1944 werden Amédée Miclotte, Franz Rochat und Fernand Erauw verlegt. Die drei letzten Brüder, Jean Sugg, Henri Story und Guy Hannecart werden am 31. Mai 1944 abtransportiert.

In der Dezemberausgabe der „Feuillets du Grand Orient de Belgique" berichtet Luc Somerhausen anlässlich des 30. Gedenktages der Befreiung des Konzentrationslagers 1975 aus der Erinnerung von der einmaligen, wenig bekannten Gründung einer Loge in einem Konzentrationslager.

„Alle philosophischen Richtungen waren hier vertreten. Nach dem Zapfenstreich hörte man die Katholiken laut zusammen beten. Eines Tages bemerkten wir, dass die Geistlichen beschlossen hatten, sich tagsüber an einem Tisch zusammenzusetzen, wo sie, wie wir alle, alte Geschosse sortierten und Kondensatoren abwickelten, um eine einfache Messe ohne Zeremonien und Kommunion zu feiern. Einer von ihnen, R.F. Agnello oder der Priester Abbé Froidure, hatte die Kameraden gebeten, die Aufseher im Auge zu behalten und vor einem unvorhergesehenen Auftauchen des Feindes zu warnen. Heute, nach 30 Jahren, kann ich nicht mehr sagen, ob es die tiefe Religiosität dieser Geistlichen war, die die Freimaurer zu ihrem Zusammenschluss gebracht hat.

Allerdings hatten sich die Brüder bereits zusammengefunden und zu erkennen gegeben.

Nach einigen Wochen vorsichtiger Annäherung stand jedenfalls fest, dass sieben Männer ohne jeden Zweifel der Freimaurerei angehörten ..."

Was Luc Somerhausen schreibt, sind natürlich Hypothesen. Bei seiner Ankunft am 12. Oktober 1943 waren die vier Brüder bereits seit fünf Monaten dort. Franz Rochat und Jean Sugg waren seit Jahren befreundet und gehörten der Loge „Les Amis Philanthropes" an. Guy Hannecart war mit ihnen zusammen in der Redaktion und Verbreitung des Untergrundblatts „La Voix des Belges" tätig und wurde auch im Rahmen des Réseau Mill verhaftet. Paul Hanson, Richter, machte aus seiner Zugehörigkeit zur Freimaurerei keinen Hehl, ohne sie unbedingt an die große Glocke zu hängen. Viel vorsichtige Annäherung war also nicht nötig, und sicher nicht die „tiefe

Religiosität". Sehr zahlreich waren die „Nichtchristen" oder „Religionslosen", die an der Sonntagsmesse nicht teilnahmen, im Übrigen nicht („der Großteil waren Katholiken"). Die „Religionslosen", die an der Sonntagsmesse nicht teilnahmen, sind immer in der Minderzahl geblieben, auch wenn sich ihre Reihen merklich verdichteten durch die Ankunft von Luc Somerhausen, der Gruppe des Dr. Degueldre, von René Deprez mit den „Partisans Armés" aus der Lütticher Gegend, und dann der 12 Miglieder des R.N.J. und der 7 Francs-Tireurs-Partisanen aus dem Nord Pas-de-Calais (Frankreich).

Wenn die Arbeiten von den katholischen Priestern gedeckt wurden, während die Freimaurer ihrerseits deren geheime Zusammenkünfte bewachten, beschützten sie sich gleichzeitig gegenseitig, indem sich die Katholiken von den Logenarbeiten fern hielten, und ein Minimum an Diskretion gewährleistet war.

Es war ihnen bekannt, dass während der Messe Zusammenkünfte stattfanden. Die Nichtchristen, die in dem so genannten Aufenthaltsraum blieben, während die Freimaurer ihre Arbeiten abhielten, wussten allerdings nicht, dass eine Loge gegründet worden war.

Wahrscheinlich ist, dass auch die Katholiken, die anderweitig eingebunden waren, davon nichts wussten.

Die Gemeinde der Geistlichen bestand nur aus Abbé Heymans und Vater Agnello. Abbé Froidure, der gelegentlich genannt wird, war im „Revier Nord", um den Sterbenden beizustehen.

In einem Vortrag vor den „Amis Philanthropes" 1982 sagte Fernand Erauw:

... wie kam es also, dass es unter diesen Umständen mehr oder weniger möglich wurde, dass sich die Maurer einander zu erkennen gaben? Ich spreche hier von etwas, das ich damals nur als Außenstehender beobachten konnte. So glaube ich, dass das in gewissem Umfang mit der Anwesenheit der

Katholiken in der Baracke 6 zusammenhing ... sonntags morgens blieben die „Religionslosen“ bzw. „Nichtchristen“ im vorderen Barackenteil, und riefen „22“, sobald ein Posten auftauchte. Da waren also die Freimaurer, und nach einigen Wochen haben sie sich zu erkennen gegeben und festgestellt, das sie mindestens zu sieben waren, sodass die Gründung einer Loge möglich war.

1986 veröffentlicht die Loge „Fraternité“ und der Grand Orient de Belgique ein Dokument von Fernand Erauw:

In unserer Baracke waren Männer aus allen sozialen Schichten und Vertreter aller politischen Richtungen zu finden. Viele Priester waren dabei; die Katholiken bildeten die große Mehrheit. Abends beteten die Priester. Sonntags feierten sie heimlich eine Messe im Schlaftrakt. Die Religionslosen waren in der Minderheit. Während des Gottesdienstes blieben sie im Aufenthaltsraum und schoben sozusagen Wache. Sobald ein Posten auftauchte, schlugen sie Alarm. Das Codewort war „22“. Durch die Messe hatte sich bereits eine erste besondere Gruppe gebildet. In der kleinen Gruppe der Nichtchristen gaben sich die Freimaurer nach einigen Annäherungsmanövern zu erkennen und stellten erfreut fest, dass sie sieben Meister waren.

Im Februar 1993 beschreibt Fernand Erauw die Odyssee der Loge folgendermaßen:

Diese Geistlichen, die in der Woche an einem Tisch saßen, begingen eine einfache Messe ohne Zeremonien und Kommunion. Abends beteten die Katholiken laut gemeinsam unter ihrer Anleitung, und sonntags fanden sie sich in dem Mittelraum, dem Schlaftrakt, zusammen, um die Messe zu feiern, was wie alle religiösen Handlungen verboten war. Die wenigen Nichtchristen schirmten sie ab und schoben Wache. Sie hielten sich im vorderen Barackenteil auf, dem Aufenthaltsraum, direkt dort, wo die Wachposten ihre Runde machten. Tauchte ein Posten auf, erhob sich einer von uns, ging in den

Schlafraum und rief „22“ und seinen Spitznamen. Dann wurde die Messhandlung unterbrochen; alle gingen ihrer normalen Beschäftigung nach. Die ganz große Frage ist, ob es diese tiefe Religiosität war, die die Freimaurer zu ihrem Zusammenschluss gebracht hat. Sicherlich hat sie dazu beigetragen.

Es ist bemerkenswert, dass diese Frage sowohl von Luc Somerhausen als auch von Fernand Erauw mit einem Fragezeichen beantwortet wird.

Luc Somerhausen ist ja erst fünf Monate nach den anderen eingetroffen. Erauw wurde erst im Februar 1944 eingeweiht, kurz vor den Verlegungen.

Keiner von beiden war also beim Zusammenschluss der vier Brüder und der Entstehung des Bruderkreises, der zur Gründung der Loge „Liberté Chérie“ führen sollte, dabei. Es ist mithin schwierig, endgültige Antworten zu geben. Und so bleibt die Frage offen.

Aufruf

Im Frühjahr 1943 fanden sich also einige Freimaurer in der unsäglichen Baracke eines Konzentrationslagers zusammen. Trotz der Leiden, der ruinierten Gesundheit, der schlimmsten Schikanen, der ständigen Gefahr hatten sie den Mut, sich in einem Bruderkreis zusammenzuschließen und die Maurerarbeiten aufzunehmen.

Sobald die Voraussetzungen gegeben waren, gründeten sie die gerechte und vollkommene Loge „Liberté Chérie".

Mit diesem Namen schickten sie wie die Moorsoldaten einen lauten Ruf der Hoffnung in die Welt, eine eindrucksvolle Herausforderung an die Nazis, die jede Menschlichkeit, jede noch so geringe Freiheit derer, die ihre Auffassungen nicht teilten, erbarmungslos zerstörten.

Dies ist eine beispielhafte Botschaft an uns alle.

Niemand kann mehr daran vorbeisehen, dass die nazistische Bestie zermalmt und zertreten werden muss, dass wir wachsam bleiben müssen, hier und überall, heute und morgen, damit sie sich nicht wieder erhebt. Mit aller Kraft und Stärke verwerfen wir jede Intoleranz, mit Weisheit erkennen wir, dass Freiheit nur zusammen mit Gleichheit und Brüderlichkeit Sinn ergibt. Lasst uns in diesem Sinn an der Schönheit des Tempels der Menschheit bauen.

Lasst uns in der Nachfolge der Brüder von „Liberté Chérie" die Fackel emporhalten, die diese so stolz entzündet haben.

Stolpersteine 2012

Nachwort

Am 15. November 1943 trafen 15 nationale und regionale Leiter des R.N.J. (Rassemblement National de la Jeunesse) in Esterwegen ein.

Am 16. November 1943 kamen der Priester Abbé Dieudonné Bourguignon, Nationaler Vorsitzender des R.N.J., und die beiden regionalen Leiter Robert Wolsztajn und André Volke in Baracke 5, die 12 anderen in Baracke 6 an. Sie trafen auf die 5 Freimaurer und die Gruppe der 7 Widerstandskämpfer, darunter Dr. Joseph Degueldre und einige „Partisans Armés" (P.A.) , u.a. René Deprez aus Lüttich, langjähriges Mitglied des R.N.J.

Am 7. Dezember 1943 kamen 7 französische „Francs-Tireurs-Partisans" (F.T.P.) in die Baracke 6. Die Gruppe Degueldre, Mitglieder des R.N.J., die P.A. und die F.T.P. wurden für einen Monat nach Börgermoor verlegt.

Am 13. März 1944 kamen sie zurück nach Esterwegen in Baracke 6, wo sie die inzwischen auf sieben Mitglieder angewachsene Freimaurergruppe wiederfanden. Fernand Erauw wurde am 13. oder 20. Februar 1944 aufgenommen. Luc Somerhausen wurde am 22. Februar 1944 verlegt. Am 14. März 1944 wurden die katholischen Geistlichen in einer Baracke zusammengelegt und alle zusammen in ein anderes Lager abtransportiert. Dank dieser Maßnahme ist der Priester Abbé Bourguignon am Leben geblieben.

Anfang April wurde den 8 Mitgliedern des Nationalkommitees des R.N.J. die Anklageschrift und die Vorladung des Volksgerichts zugestellt.

Am 15. April 1944 wurden drei regionale Leiter des R.N.J., Jean Carlens, André Volcke und Robert Wolsztajn mit Franz

Rochat in des Gefängnis Untermansfeld verlegt. Franz Rochat starb dort am 6. Januar 1945.

Die drei Mitglieder des R.N.J. wurden am Ende des Krieges befreit und repatriiert.

Robert Wolsztajn ist in den sechziger Jahren verstorben, André Volcke 2001 und Jean Carlens 2005.

Am 15. April 1944 wurden die 7 Mitglieder der Gruppe Joseph Degueldre, die 7 französischen F.T.P., die 4 Regionalleiter des R.N.J. (Joseph Berman, Marcel und Marius Cauvain sowie Franz Bridoux) und der P.A. René Deprez aus der Baracke 6 in das Gefängnis Ichtershausen verlegt. René Deprez wurde kurz danach weiterverschoben, bis schließlich nach Dachau, wo er am 29. April 1945 befreit wurde. Am 1. Mai 1945 kehrte er nach Belgien zurück.

Die 7 Mitglieder der Gruppe Degueldre, die 7 F.T.P. und die 4 R.N.J. blieben an einem geheim gehaltenen Ort in Einzelhaft, und wurden dann in zwei Arbeitskommandos, eine Tag- und eine Nachtschicht eingeteilt. Damit kamen sie in einen gemeinsamen Schlafsaal zusammen mit anderen NN-Gefangenen aus Esterwegen, die gleichzeitig mit ihnen in Ichtershausen angekommen waren. Sie blieben dort bis April 1945.

Am 9. August 1944 fand der Prozess der Mitglieder des Comité National des R.N.J. am Volksgerichtshof in Donauwörth statt. Weil er Jude war, starb Simon Goldberg „Frédéric" ohne Urteil durch den Strang. Jean Lagneau „François", Aimé Verneirt „Louis", Fernand Lecoq „Victor", Roger Devuyst „Alex", Maurice Orcher „Marcel" und Alfred Steux „Raymond" wurden zum Tode verurteilt und am 27. Oktober 1944 guillotiniert.

Abbé Dieudonné Bourguignon „Fernand" hatte die Vorladung zu spät erhalten und kam nach der Urteilsverkündung an. Er sollte sich mit den 7 Mitgliedern der Comités nationaux des R.N.J. wieder stellen.

Der Volksgerichtshof stellte seine Tätigkeit aber im September 1944 ein. Nach Ende der Besetzung Belgiens? Der Priester Abbé Bourguignon und die 7 Regionalleiter des R.N.J. erschienen also nicht mehr vor Gericht.

Am 2. April 1945 wurden die (etwa100) NN-Häftlinge nach Ichtershausen in Richtung Wolfenbüttel transportiert. Nach rund 15 km blieb der Zug im Bahnhof von Erfurt stehen. Bei einem Bombenangriff waren die Gleise zerstört worden, ein Militärzug hielt auf dem Nebengleis.

Die Gefangenen blieben den ganzen Tag im Zug. Gegen Abend wurden bei einem neuen Angriff sämtliche Anlagen zerbombt, sodass eine Weiterfahrt ausgeschlossen war.

Am 3. April ging es morgens zu Fuss durch die thüringische Landschaft zurück in das Gefängnis von Ichtershausen.

Am 7. April kam der Aufbruch zu einem „Todesmarsch“. Wir wurden von Mitgliedern des Volkssturms und der Hitlerjugend bewacht. Vor allem die Hitlerjungens waren erpicht darauf, ihre Waffen zu gebrauchen.

Am Abend des dritten Tages (9. April 1945) gelangten wir in die Stadt Pößneck, wo gerade ein Bombenangriff stattgefunden hatte. Es brannte überall; die Bevölkerung war in Panik.

Am nächsten Tag schickte uns die Ortsverwaltung auf einen Arbeitseinsatz: Wir mussten die noch scharfen Bomben freilegen. Zusammen mit Joseph Berman und Marcel Cauvain sollten wir eine grosse Bombe in der Nähe eines Bauernhofes aus dem Boden graben. Unser bewaffneter Aufseher hielt sich in vorsichtiger Entfernung, während sich der Bauer näherte und mit Joseph Berman, der die deutsche Sprache beherrschte, sprach. Am nächsten Tag arbeiteten wir weiter. Unter einem Vorwand nahm der Bauer Berman mit ins Haus und bot ihm Brot und Wurst an. Er sagte Berman, er solle seine beiden Kameraden, unbemerkt von unserem Bewacher, auch zum Essen holen. Bei der abendlichen Rückkehr in unseren Schuppen besprachen wir uns mit unseren Anführern Dr. Degueldre und dem F.T.P. Abel Duthois. Wir beschlossen, bei einem nächsten

Alarm zu fliehen. Am Abend versteckten wir uns mit Marius Cauvain zu viert bei dem Bauern. Vor vollendete Tatsache gestellt ging er das Risiko ein, uns in einer Scheune einige 100 m von seinem Hof entfernt unterzubringen. Dort verbrachten wir ganze drei Tage, während unsere Kameraden in Richtung tschechische Berge abrückten.

Jeden Morgen bekamen wir, versteckt in zwei Eimern, Brot, Wurst, Milch, Suppe und andere Lebensmittel. In der Nacht vom 14. auf den 15. April griffen amerikanische Truppen die Stadt an, Granaten zischten über unsere Köpfe hinweg. Bei Tagesanbruch sahen wir deutsche Soldaten Hals über Kopf durch die Straßen fliehen. Am Ende des Vormittags wollten wir uns ein Bild machen. Weiße Fahnen hingen in den Fenstern. Dann rollte ein Spähtrupp in einem Jeep mit zwei amerikanischen Soldaten vorbei. Zu seinem Empfang waren nur wir da. Während sie weiterfuhren, gingen wir zum Haus des Bauern. Dort fanden wir unsere sieben Kameraden der Gruppe Dr. Degueldre versammelt.

Bauer Zenge hatte also unter größter Gefahr elf NN bei sich versteckt.

Wir erfuhren dann, dass er bis 1933 Sekundarschullehrer war, seine Stelle aber verlor, weil er der NSDAP nicht beitreten wollte, und Landwirt wurde. Sein Sohn war an der Ostfront verschollen. Er selbst gehörte einer Widerstandsbewegung an.

Wir verdanken ihm das Leben. Am 7. Mai 1945 wurden wir per Flugzeug repatriiert. Die übrigen Kameraden hatten den Todesmarsch fortgesetzt, bis sie nach einigen Tagen von den Bewachern unterwegs sich selbst überlassen blieben.

Auch sie wurden im Mai 1945 rückgeführt. 1955, zehn Jahre später, wurde auf Veranlassung von Dr. Joseph Degueldre in Verviers ein Empfang für Herrn Zenge ausgerichtet. Einer der elf Flüchtlinge, Henri Merland, war damals leider schon an den Folgen der Gefangenschaft gestorben.

Anfang 1990 nahm Joseph Berman mit den „Vier Musketieren“ des R.N.J. Kontakt auf, um mithilfe unserer Erinnerungen seinen Bericht über die Gefangenschaft mit weiteren Einzelheiten zu vervollständigen.

Im Hinblick auf seine Pläne haben wir uns also regelmäßig getroffen, und ich bin bestimmten Tatsachen nachgegangen, sodass ich eine umfangreiche Unterlagensammlung zusammenstellen konnte.

Inzwischen hatte ich drei Bekannte aus der Gefangenschaft in Esterwegen wiedergetroffen, nämlich Emile Fournier F.T.P. Arras (Nord Pas-de-Calais), André Volke (Baracke 5) aus Herseaux und Jean Carlens (Baracke 6) aus Ans, beide Mitglieder des R.N.J.

Nach einem halben Jahrhundert waren wir sieben Überlebende, davon sechs R.N.J. (fünf davon aus der Baracke 6). Allerdings waren wir zu Beginn der Gefangenschaft ja auch kaum 20 Jahre alt gewesen.

Joseph Berman ist leider 1966 von uns gegangen, André Volke 2001 und Jean Carlens 2005.

Wie an anderer Stelle zu lesen, habe ich zu meiner großen Freude Bruder René Deprez (PA), einen weiteren Überlebenden aus Baracke 6, wiedergesehen.

Meiner Kenntnis nach leben von denen, die bei der vor uns geheim gehaltenen Gründung der Loge „Liberté Chérie“ in Esterwegen anwesend waren, heute noch vier, u.a. Marius Cauvain aus Boussu, Marcel Cauvain aus Saint-Ghislain, René Deprez aus Durbuy und ich, Rixensart. Der Jüngste von uns, Marcel Cauvain, ist 86 Jahre alt.

Franz Bridoux, 2012

Landwirt Zenge wird in Pößneck zum Lebensretter.

Dr. Joseph Degueldre

1994: Die „Vier Musketiere“ auf Erinnerungsfahrt zum Schloss Beloeil, wo sie im Juni 1945 als Rekonvaleszenten einen Erholungsaufenthalt verbrachten. V.l.n.r.: Joseph Berman „Fred“, Marcel Cauvain „Max“, Marius Cauvain „Pierre“, Franz Bridoux „Jean“

Biographie des Verfassers

Franz Bridoux wird am 1. Januar 1924 in Peruwelz (Hennegau) geboren. Seine Eltern stammten aus dem Borinage. Sein Vater François Bridoux, Jahrgang 1902, ist bei der Gewerkschaft fest angestellt. 1926 beschließt er aus finanziellen Gründen, in seinen ursprünglichen Beruf als Bergarbeiter zurückzukehren und zieht wieder in den Borinage. 1929 arbeitet er erstmalig ohne seine Familie drei Jahre lang im Kongo. Nach einem kurzen Aufenthalt in Belgien kehrt er 1932 dorthin zum zweiten Mal zurück, diesmal mit Frau und Sohn.

Neunjährig lebt Franz Bridoux nun drei Jahre lang mitten im Urwald im südlichen Kivu das Leben eines kleinen „Wilden". Eine Schule gibt es nicht. Er lebt in freier Natur zusammen mit den Kindern der schwarzen Nachbarn als Freunde und Spielkameraden. Ende 1934 stirbt seine Mutter bei der Geburt einer Schwester. Elfjährig ist Franz nun noch mehr sich selbst überlassen.

1935 geht es zurück nach Belgien. Er kommt in die 4. Klasse. Ab 1937 geht er in das Athénée in Mons.

Im Mai 1940 werden die 16- bis 35-jährigen Männer einberufen und müssen sich in den Rekrutierungsbüros der belgischen Armee stellen. Von Mai bis Ende August Arbeitseinsatz auf einem Bauernhof in der Gascogne.

Ende August geht es zurück in die Schule.

Im Oktober 1941 tritt er dem Rassemblement National de la Jeunesse (R.N.J.), Sektion Front de l'Indépendance, bei.

1942 verlässt er die Schule. Erste Berufstätigkeit als Hilfsarbeiter in der Société Carbochimique in Tertre. Einige Wochen später kommt er als eine Art Lehrling in die Verwaltung.

Einziehung zur Zwangsarbeit in Deutschland durch die Besatzer. Am 8. März 1943 wird er einberufen. Er taucht als Arbeitsdienstverweigerer unter und kommt zum Regionalkomité des R.N.J.

Dort Propagandatätigkeit gegen die Besatzungsmacht, Untergrundpresse, Anwerbung von Wehrdienstverweigerern, Organisation der Sektionen, Waffenbeschaffung.

Juli 1943: Mitglied der Armée des Partisans (P.A.). Bis zur Überstellung in die Widerstandsbewegung in Dinant, Fortsetzung der Tätigkeit im R.N.J., Sektion Mons-Borinage.

Verhaftung in Ghlin am 3. August 1943 in einer Razzia von über hundert Verhaftungen.

Dann folgende Etappen: Einige Tage am Sitz der Gestapo in Brüssel, Avenue Louise 347. Anschließend 3 Monate im Gefängnis von Saint-Gilles. Abschiebung als Nacht-und-Nebel-Häftling nach Deutschland. Am 15. November 1943 Ankunft in Esterwegen. Am 12. Februar 1944 Verlegung nach Börgermoor. Am 14. März 1944 Rückführung nach Esterwegen.

Am 15. April 1944 Transport von Esterwegen nach Ichtershausen in Thüringen.

Am 7. April 1945 Todesmarsch in Richtung tschechische Berge. Flucht in Pößneck am 12. April und Befreiung durch amerikanische Truppen am 15. April 1945.

Repatriierung per Flugzeug am 7. Mai 1945.

Lange Rekonvaleszenz. Allmähliche Gesundung durch Gymnastik und Sport. Rückkehr in den Beruf als Angestellter der Société Carbochimique in Tertre.

1946 Eheschliessung. 1947 Geburt eines Sohnes, 1951 Geburt einer Tochter. 1948 Berufswechsel von der Carbochimique zur Société Nationale des Eaux als Büroangestellter. Intensive sportliche Betätigung: Gymnastik, Geräteturnen, Basketball. Er wird Sportreporter für Zeitungen, Trainer für Geräteturnen und Basketball, und tritt in den Vorstand verschiedener Sportclubs und Dachverbände ein. 1955 beginnt er ein Vollzeitstudium neben seiner Berufstätigkeit. Er wird diplomierter Sozialarbeiter, dann Lehramtsinhaber und Direktionssekretär an der Ecole Supérieure Ouvrière (Arbeiterhochschule). 1960 Tod des Vaters. Er hinterlässt im Kongo eine 4-jährige Halbschwester, eine Waise. Sie wird als jüngstes Kind von Franz und seiner Frau aufgenommen.

1966 wird er Direktor der Ecole Ouvrière Supérieure.

November 1966 Aufnahme in die Loge „Les Amis Philanthropes", i. O. Brüssel.

1977 Vizepräsident des Conseil Supérieur de l'Enseignement Supérieur Social und Mitglied des Conseil Permanent de l'Enseignement Supérieur (Arbeiter- und Volkshochschulen).

1989 tritt er in den Ruhestand mit 65 Jahren, nach 47 Jahren Berufstätigkeit, nur mit der Unterbrechung durch die Gefangenschaft.

Offizielle Anerkennung als:

- Widerstandskämpfer in der Untergrundpresse
- Arbeitsdienstverweigerer (Deutschland)
- Bewaffneter Widerstandskämpfer (Résistant Armé)
- Politischer Gefangener
- Kriegsverletzter

Quellennachweis

Berichte von Zeitzeugen: Berichte politischer NN-Häftlinge über ihre Gefangenschaft in der Baracke 6 in Esterwegen: Joseph Berman, Marius und Marcel Cauvain, René Deprez, Jean Carlens, Emile Fournier.

Die Aufzeichnungen von Luc Somerhausen und Fernand Erauw.

Die Verwaltungsstelle der Archives du Ministère de la Santé Publique. Das Secrétariat National du Front de l'Indépendance.

Die Bücher von Abbé Froidure „Le calvaire des malades au bagne d'Esterwegen" und

Professor José Gotovitch: „Du Rouge au Tricolore", Editions Labor.

„Avenue Louise 347 Dans les caves de la Gestapo", Editions Buch, ausgezeichnet von der Kommission des Verteidigungsministeriums als das Goldene Buch (Livre d'Or) des belgischen Widerstands.

Verschiedene Presseartikel und Internet-Seiten.

Insbesondere seien erwähnt: René Brion, Marc Deverver und Marcel Crickx sowie mein Sohn Alain Bridoux, mit deren dankenswerter Hilfe dieses Dokument fertiggestellt werden konnte.

Im November 2004 wurde das vom Architekten Jean De Salle geschaffene Denkmal für die Brüder der Freimaurerloge Liberté Chérie auf dem Gelände der Gedenkstätte Emslandlager eingeweiht.
Der grob behauene, kubische, halb mannshohe Granitstein des Denkmals ist umgeben von aufgebogenem Baustahlgewebe als Symbol für den Stacheldraht, der das Lager umgab. Doppelt handtellergroß wurden links oben die freimaurerischen Symbole Winkelmaß und Zirkel angebracht. Das Denkmal steht auf einem musivischen Pflaster (Schachbrettmuster), dem Sinnbild für die Gegensätze des Lebens. Es wurde in Anwesenheit von sieben ausländischen Großmeistern und Großvertretern sowie Hunderten von Freimaurer-Schwestern und -Brüdern am 13. November 2004 in einer maurerischen Gedenkfeier enthüllt.

(Quelle: www.freimaurer-wiki.de)

LIBERTE CHERIE
1943 1944

Esterwegen heute